BEATE MARIA WEINGARDT

Wertschätzung als Haltung

camino.

gemeinsam auf dem Weg

BEATE MARIA WEINGARDT

Wertschätzung als Haltung

Gut mit sich und anderen umgehen

camino.

*Für Freya, Richard und Carl-Christian –
meine Enkelkinder, von und mit denen ich
so vieles über Wertschätzung lernen kann.*

1. Auflage 2018

Ein camino.-Buch aus der
© Verlag Katholisches Bibelwerk GmbH, Stuttgart, 2018

Coverfoto: Brücke im Centovalli-Tal, © Roland Gerth
Satz: wunderlichundweigand
Druck und Bindung: Finidr s.r.o., Český Těšín, Tschechische Republik
www.caminobuch.de

ISBN 978-3-96157-011-9

Auch als E-Book erhältlich unter ISBN 978-3-96157-990-7

Inhalt

Vorwort

Wir waren zum Bergwandern ins herbstlich warme Tessin gefahren und wohnten in einem Hotel direkt am Lago Maggiore mit Balkon zum See. Ein kräftiger Bergbach floss durch den Garten in den See und vereinte sich mit dem meist sanften Plätschern der Wellen zu einem beständigen, angenehmen Wasserrauschen.

Am zweiten Tag unseres Aufenthalts kam zögernd ein kleiner, älterer Herr auf mich zu. Etwas verlegen sprach er mich an: „Entschuldigen Sie, darf ich fragen, ob Sie heute Nacht jemanden schnarchen gehört haben?" – „Nein", antwortete ich, „wir haben nichts gehört!" – „Es ist nämlich so", sagte er, „dass ich schnarche, und wir wohnen im Zimmer neben Ihnen, da war ich mir nicht sicher ..." – Ich versicherte ihm erneut, dass wir bestimmt nichts gehört hätten (dem Wasser sei Dank!), und mit erleichterter Miene zog er von dannen. – Dass es ihn Überwindung gekostet hatte, mich zu fragen, war offensichtlich. Seine Sorge, er könnte uns mit seinen unfreiwilligen Schlafgeräuschen gestört haben, beeindruckte mich. Zeigte es doch, dass ihm das Wohl seiner Zimmernachbarn nicht gleichgültig war.

Kam es daher, dass wir uns in einem sogenannten „christlichen" Gästehaus befanden, wo ein etwas anderer Geist und Umgang herrschte? Keineswegs, denn nicht alle Gäste waren so rücksichtsvoll wie dieser Mann. Gleichzeitig mit uns war eine Gruppe von Christen und Christinnen zu Gast, deren Leiter schon dadurch auffiel, dass er nicht nur sehr häufig, sondern auch extrem laut und anhaltend lachte. Ich fuhr jedes Mal zusammen, wenn wieder eine seiner „Salven" durch den Speisesaal dröhnte, in dem sich alle Gäste zum Frühstück und Abendessen zusammenfanden. Diesem Zeitgenossen (den ich einmal am Nebentisch darüber reden hörte, dass die Beziehung zu Gott die wichtigste Beziehung im Leben sein müsse) war es offenbar völlig gleichgültig, dass er mit seinem geräuschvollen Gelächter seine Nächsten auch stören könnte.

Doch steht in der Bibel nicht: „Liebe Gott – und liebe deinen Nächsten wie dich selbst"? Und gehört es nicht zur Liebe bzw. zur Wertschätzung der Mitmenschen, Rücksicht auf sie zu nehmen? „Respekt" kommt von dem lateinischen Verb „re-spicere", was auf Deutsch „zurückschauen, um sich schauen, Rücksicht nehmen" bedeutet!

Aus welchem Grund aber ist es der einen Person wichtig und der anderen nicht, den Mitmenschen mit Wertschätzung zu begegnen? Davon unabhängig: Weshalb benötigen wir sie so dringend und warum beschenkt sie nicht nur den, der sie empfängt, sondern auch den, der sie erweist? Noch grundsätzlicher gefragt: Was ist Wertschätzung überhaupt? Woher nehmen wir sie? Und wie zeigen wir sie? Wo kann man sie lernen? Was geschieht, wenn sie verweigert oder entzogen wird? Beim Rückblick auf die vergangenen Jahre fiel mir auf, dass mich das Thema der Wertschätzung immer mehr und immer bewusster beschäftigte. Das hat verschiedene Gründe:

- ⇨ Seit ich Enkelkinder habe, nehme ich staunend wahr, dass Kinder zu Beginn ihres Lebens von einer grenzenlosen Bereitschaft zur Wertschätzung erfüllt sind.

- ⇨ Seit ich – nunmehr bald zwei Jahrzehnte – verheiratet bin, erlebe ich auf eine für mich nie gekannte Weise, was es heißt, einen zu tiefster Wertschätzung bereiten Menschen als Gegenüber zu haben. Diese Erfahrung hatte ich zuvor in dieser Intensität – und Kontinuität – nicht gemacht.

- ⇨ Für mich als Theologin ist es selbstverständlich, mich immer wieder intensiv mit der Bibel zu beschäftigen, insbesondere mit Leben und Lehre Jesu von Nazareth. Dabei festigte sich im Laufe der Jahrzehnte meine Überzeugung, dass das entscheidende Thema Jesu die Verkündigung und Verkörperung der unbedingten Wertschätzung war. Sie bildet das Fundament der Beziehung zwischen Gott und Mensch.

- ⇨ Da es für mich als Psychologin außerdem naheliegt, mich mit den psychischen Bedürfnissen und Befindlichkeiten des Menschen zu beschäftigen, wurde mir immer bewusster, dass alle bedeutsamen Lebensfragen mit dem Thema der Wertschätzung verknüpft sind. Gleichzeitig nehme ich wahr, dass es mit der Wertschätzung in unserer Gesellschaft nicht zum Besten steht.

Mein Buch hat sieben Kapitel. Das erste Kapitel widmet sich der Fähigkeit zur Einschätzung, ohne die wir uns im Leben nicht zurechtfinden. Im zweiten Kapitel geht es um die Frage, was Wertschätzung eigentlich bedeutet, worin sie sich beispielsweise von Einschätzung oder von Respekt unterscheidet. Das dritte Kapitel befasst sich mit der „Standardversion" der Wertschätzung. Es ist jene Wertschätzung, die wir als positive emotionale Reaktion auf positive Signale oder Erfahrungen empfinden. Das, was wir als angenehm oder als für uns positiv bedeutsam erleben, wird für uns wichtig und wir verleihen ihm einen ganz persönlichen Wert. – Doch was geschieht, wenn sich Positives wandelt? Wenn sein Leuchten verblasst, wenn die Flamme erlischt, wenn sich womöglich Erfreuliches in Unerfreuliches wandelt und aus Begeisterung Enttäuschung wird? Bedingte Wertschätzung reagiert darauf, denn es gehört zu ihrem Wesen, flexibel zu sein. Sie reagiert mit Einschränkung oder Entzug der bisher empfundenen Wertschätzung. Das ist verständlich und naheliegend. Wenn wir allerdings dauerhafte Verbindungen anstreben, beispielsweise in Partnerschaft, Elternschaft oder Freundschaft, können wir auf diesem Fundament nichts aufbauen, das Bestand hat. Stattdessen benötigen wir eine andere, stabilere Form der Wertschätzung, wenn Beziehungen verlässlich und dauerhaft sein sollen.

Für diese Form wähle ich den Begriff einer „Haltung der Wertschätzung". Mit ihr befassen sich das vierte und fünfte Kapitel des Buches. Diese Haltung ersetzt die bedingte Wertschätzung keineswegs, sondern ergänzt und übersteigt sie. Eine Haltung der Wertschätzung bringt enorme Vorteile mit sich, sie erfordert jedoch Arbeit und hat auch ihre Grenzen.

Doch kann man *willentlich* wertschätzen? Ist das nicht nur um den Preis der Gefühlsfeindlichkeit oder Gefühlsverdrängung möglich? Keineswegs. Bei der *Haltung der Wertschätzung* geht es nicht darum, Gefühle abzuwerten, sie gar zu verleugnen. Ihr Ziel ist vielmehr, einen Reifungsprozess im Umgang mit Gefühlen und eigenen Bedürfnissen in Gang zu setzen.

Dass dieser Prozess nicht von selbst in Gang kommt, macht Kapitel sechs deutlich, in dem ich einige Gründe für den vielfach zu beobachtenden Mangel an Wertschätzung in unserer Gesellschaft darlege. Das siebte und letzte Kapitel bekräftigt demgegenüber noch einmal, weshalb es sich lohnt, Wertschätzung als Lebensthema und Lebenshaltung zu wählen.

Alle drei dargestellten Formen des „Schätzens" – Einschätzung, bedingte Wertschätzung sowie eine Haltung der Wertschätzung – sind, so soll dieses Buch aufzeigen, lebensnotwendig. Doch meine ich, dass Glück, verstanden als persönlich gesuchte und erarbeitete Lebensqualität, nur mit einer *Haltung der Wertschätzung* zu finden ist. Erst sie ermöglicht es uns, unsere Beziehungen bewusst so zu gestalten, dass wir dem nahekommen, was Jesus von Nazareth lehrte – und was er selbst verkörperte. Eine *Haltung der Wertschätzung* gibt unserem Handeln und Verhalten einen Spielraum, der auf der Basis der bedingten Wertschätzung allein niemals möglich wäre. Die geistig-seelische Anstrengung, die notwendig ist, um immer wieder zu dieser Haltung zu finden – auch sich selbst gegenüber –, ist eine „Win-Win-Situation": Sie bereichert den, der sie praktiziert, *und* den, dem sie gilt.[1]

....

1   *Zur Sprache:* Aus Gründen der Einfachheit wähle ich bei Substantiven die aktuelle Form der Schreibung mit „*" (z. B.: Leser*innen), um maskuline und feminine Form zu verbinden. Bei Relativsätzen oder Personalpronomen verzichte ich der Einfachheit halber auf die Doppelung der/die, sondern wähle in der Regel die männliche Form. Ich bitte, darin keine Diskriminierung des weiblichen Teils der Menschheit, zu dem ich ja selbst gehöre, zu sehen.

1 Einschätzung – Schlüssel der Lebensbewältigung

1.1 Der grundlegende Unterschied zwischen Einschätzung und Wertschätzung

> *Heutzutage kennen die Menschen*
> *von allem den Preis und von nichts den Wert.*[2]
>
> OSCAR WILDE (1854–1900)

Es ist wichtig, sich klarzumachen, dass es sich bei der Wertschätzung um etwas grundlegend Verschiedenes zur Einschätzung handelt. Zwei Erlebnisse sollen deutlich machen, worin dieser Unterschied besteht.

I.

Ich erinnere mich genau an den alten Teddybär meiner frühen Kindheit, dem im Lauf der Zeit ein Bein und ein Arm abhandengekommen waren. Zwar bemerkte ich, dass aus den dadurch entstandenen Öffnungen immer wieder holzmehlartige Partikel seines Innenlebens herausrieselten, doch das störte mich nicht im Geringsten. Eines Tages war er verschwunden. Ich war ungefähr vier Jahre alt und fragte meine Mutter, ob sie wüsste, wo mein Teddybär sei. Sie antwortete: „Den habe ich im Ofen verbrannt, er war ja kaputt!" Ich begann zu weinen und meine Mutter schaute mich überrascht an. In diesem Moment begriff ich, dass ihr nicht klar gewesen war, wie viel das ramponierte Plüschtier mir bedeutet hatte!

Der Unterschied zwischen Einschätzung und Wertschätzung

---

2   „Nowadays people know the price of everything and the value of nothing",
    aus: The Picture of Dorian Gray, 1890.

lässt sich kaum einfacher veranschaulichen. Meine Mutter sah das Stofftier mit den nüchternen Augen der Hausfrau nach rein sachlichen Kriterien an – es war schwer beschädigt und verursachte lästige Verunreinigungen der Wohnung, denn ich schleppte ihn mal dahin, mal dorthin. Ich hingegen gab dem Teddy völlig unabhängig von seinem jämmerlichen Zustand einen persönlichen Wert. Weshalb? Vermutlich, weil es mein Teddybär war, mein einziger, mit dem ich schon einige Zeit in vertrauter Gemeinschaft lebte. Daran hatte meine Mutter bei ihrer Entsorgungsaktion offenbar nicht gedacht. Unser Verhältnis zu diesem Plüschtier war völlig verschieden. Meine Mutter schätzte das Tier nach seinem „Restwert" sowie „Verschmutzungspotenzial" ein, für mich hingegen war es ein treuer und unersetzlicher Kamerad.

II.

„Diese Uhr repariert mein Bruder nicht mehr!", teilte mir die resolute Geschäftsinhaberin mit, nachdem sie mit meiner kaputten alten Armbanduhr Marke „Meister Anker" aus den hinteren Räumen ihres Geschäfts wieder auftauchte. Gefragt nach dem Grund, holte sie den Uhrmachermeister persönlich aus seiner Werkstatt. Er erklärte mir, dass es sich bei meiner Uhr um ein billiges Fabrikat handle, das es überdies gar nicht mehr gebe und bei dem sich eine solch aufwendige Reparatur, wie sie nun nötig sei, nicht mehr lohne. „Aber mir ist es diese Uhr wert, dass ich sie noch einmal reparieren lasse, auch wenn es teuer wird!", gab ich ihm mit einem für meine Gewohnheiten geradezu flehentlichem Augenaufschlag zu verstehen. „Mir nicht!", erklärte er ungerührt und verabschiedete sich kühl.

Enttäuscht und empört verließ ich den Laden – entschlossen, nicht so schnell aufzugeben, sondern bei einem anderen Uhrmacher zwei Straßen weiter mein Glück zu versuchen. Dort wurde ich völlig anders behandelt. Man werde einen Kostenvoranschlag für die Reparatur machen und mir daraufhin die Entscheidung überlassen, ob ich die Reparatur durchführen lassen wolle oder nicht, wurde mir freundlich mitgeteilt. Dank dieser Alternative trage ich die Uhr heute noch mit großer Freude.

Was aber war beim ersten Uhrmacher geschehen? Der erfahrene Feinmechaniker hatte meine Uhr unter rein fachlichen Gesichtspunkten beurteilt und war zu der Einschätzung gekommen, dass der Preis der Reparatur den Restwert dieser Uhr bei Weitem übersteigen würde. Also „weg damit und eine neue gekauft", so seine unausgesprochene Empfehlung. Was ihn nicht im Geringsten interessierte, war der Wert, den ich meiner Uhr unabhängig von ihrem Material- oder Restwert gab. Er war nicht bereit, darauf Rücksicht zu nehmen. Meine Uhr war für mich jedoch kostbar, weil ich sie originell, schön und praktisch fand und weil ich trotz jahrelanger Suche nie mehr eine Uhr mit dieser Spange (statt eines Armbands) gesehen hatte. Ihr Wert bestand für mich folglich nicht in ihrem Verkehrswert, den jeder Pfandleiher wahrscheinlich ähnlich gering eingeschätzt hätte wie jener Uhrmacher, sondern in dem Wert, den ich ihr verliehen hatte. (Eine andere Besitzerin an meiner Stelle hätte sie möglicherweise längst dem Restmüll anvertraut, um sich etwas Kostbareres oder Moderneres zuzulegen.)

Deutlich wird an beiden Beispielen: Während der Vorgang des Einschätzens darin besteht, ein Merkmal, einen Sachverhalt, eine Entwicklung oder einen materiellen Wert möglichst präzise unter gewissen Gesichtspunkten *wahrzunehmen*, bedeutet Wertschätzung die kreative und individuelle Entscheidung, einen *Wert zu geben*, sprich: eine „Wertverleihung" vorzunehmen. Man könnte auch sagen: Einschätzung ist ein Vorgang des Erkennens, Wertschätzung ist ein Akt des An-Erkennens.

Aus diesem Grund wird der etwas sperrige Begriff „Wertschätzung" häufig durch das schlichtere und umgangssprachlich häufiger verwendete Wort „Anerkennung" ersetzt. Sie ist ein fundamentaler Bestandteil der Wertschätzung – aber Wertschätzung beinhaltet bedeutend mehr.

1.2 Einschätzungskompetenz als Voraussetzung der Lebensbewältigung

Faszinierend an Kindern ist, dass sie sich zu Beginn ihres Lebens für alles interessieren, was ihnen begegnet und sie umgibt. Verbunden mit dieser Aufgeschlossenheit ist eine grenzenlose Bereitschaft zur Wertschätzung. In ihren Augen ist alles interessant und alles wertvoll, was ihre Aufmerksamkeit zu fesseln vermag. Wenn ich mit meiner zweijährigen Enkelin nach einem Regen einen Spaziergang machte, so war sie regelmäßig fasziniert von den toten Regenwürmern, die auf dem Weg lagen. Sie fasste sie an und wollte sie am liebsten mit nach Hause nehmen. Wie alle Kinder kannte sie die Kategorie „eklig" oder „unnütz" nicht. Stopfte sie sich etwas zu viel Schokolade in den Mund und ich jammerte, nichts abbekommen zu haben, so holte sie bereitwillig ein Stück davon wieder heraus und schob es mir zwischen die Zähne. Umgekehrt wurde dies von mir natürlich ebenso erwartet. Doch dieses Paradies der Unwissenheit, des Nicht-Urteilens sowie der absoluten Freiheit von Ekel-, Scham- und Schuldgefühlen währte nicht allzu lange.

Wir Erwachsene lehren unsere Kinder, die Dinge und Verhaltensweisen zu bewerten – das muss sein, damit sie sich in unserer Welt, genauer: in dem kulturellen Milieu, in dem sie aufwachsen, zurechtfinden. So müssen sie beispielsweise in einer Umgebung, in der es fremde Menschen gibt, lernen, zu unterscheiden, wem zu vertrauen ist und wem nicht. Denn so wunderbar grenzenloses Vertrauen ist – wie das bezaubernde Wort „Vertrauensseligkeit" zum Ausdruck bringt –, so riskant ist es auch. Märchen machen dies deutlich. Da fallen Hänsel und Gretel arglos einer bösen Hexe in die Hände und bringen sich in Lebensgefahr. Dornröschen berührt unvorsichtig die Spindel der unbekannten alten Spinnerin und sinkt prompt in einen hundertjährigen Schlaf. Und Hans im Glück lässt sich von jedem Fremden, der seinen Weg kreuzt, gutgläubig übers Ohr hauen, bis er schließlich mit leeren Händen dasteht. Ihm bleibt die Zuflucht zur Mutter, doch damit wird nicht, wie oft oberflächlich interpretiert, ausgedrückt, dass er nun „im Glück" ist. Ganz im Gegenteil: Der Weg zurück in die mütterliche Obhut zeigt, dass er ein Kind geblieben ist und sein Leben aus eigener Kraft nicht zu meistern vermag.

Gerade das Märchen „Hans im Glück" macht darüber hinaus deutlich, dass derjenige, der in der Fremde sein Glück machen möchte, nicht nur die Kompetenz benötigt, den (Verkehrs-)Wert von Objekten realistisch zu erkennen, sondern dass es auch wichtig ist, Menschen und ihre Ziele richtig einzuschätzen.

Nicht nur die Lebensbewältigung hängt, so gesehen, ganz entscheidend von Einschätzungsvorgängen ab, sondern auch unsere Kontakte und Verbindungen mit anderen Menschen.

Wie Daniel Goleman schon vor über zwanzig Jahren in seinem Werk über „Emotionale Intelligenz"[3] umfangreich darlegte, ist die Fähigkeit zur Empathie die entscheidende Voraussetzung für sozialen und damit sowohl beruflichen als auch privaten „Erfolg". Nur wer sich vorstellen kann, wie andere Menschen geistig und emotional „gestimmt" sind bzw. „ticken", kann sein eigenes Verhalten dementsprechend daraufhin abstimmen. Dies ermöglicht es, die eigenen Ziele mit möglichst wenig Reibungsverlust zu verfolgen. Gleichzeitig wird durch Empathie auch Vertrauen geschaffen, denn der einfühlsame Mensch, der seine Mitmenschen richtig einschätzt, kann ihren Bedürfnissen und Erwartungen Rechnung tragen, sofern er dies möchte. Menschen hingegen, die nur schwer die Gedanken, Gefühle und Reaktionen ihrer Beziehungspartner nachvollziehen oder vorwegnehmen können, haben langfristig ein Problem damit, Beziehungen aufrechtzuerhalten, die für *beide* Seiten befriedigend und bereichernd sind.

Ich beobachte oft Personen, die ein ausgeprägtes Mitteilungsbedürfnis haben, ohne dabei zu berücksichtigen, dass die meisten

....

3   München/Wien 1995.

Mitmenschen auch selbst zu Wort kommen wollen. Die Folge: Man hört ihrem Redeschwall bei der ersten Begegnung noch höflich zu, doch bei der zweiten Begegnung ist man schon darauf bedacht, nicht wieder in diese Rolle gedrängt zu werden, und sucht, oft unter einem Vorwand, möglichst schnell das Weite. Weitere Begegnungen werden eher vermieden oder kurz gehalten, damit der Redselige keine Gelegenheit mehr hat, einen „mit Beschlag zu belegen". Nicht selten beklagen derart mitteilsame Zeitgenossen, dass ihnen niemand so richtig zuhöre bzw. sie in Unterhaltungen zu wenig zu Wort kämen. Verfügten sie über mehr Empathie, könnten sie die Bedürfnisse ihrer jeweiligen Gesprächspartner sensibel wahrnehmen und darauf achten, dass in ihren Gesprächen der andere ebenso häufig Rederecht hat wie sie selbst.

Nicht zuletzt gehört zur erfolgreichen Lebensbewältigung die Fähigkeit, sich in unterschiedliche Rahmenbedingungen einzufügen. Wie verhalte ich mich als Neuling in einer bestehenden Gruppe, wie finde ich meinen Platz als Berufsanfängerin in einem erfahrenen Team, welche Assimilation wird von mir verlangt, wenn ich in ein fremdes Land und eine mir bislang fremde Kultur komme? Und wie viel Anpassung ist geboten, wenn ich heirate und möglicherweise Teil einer mir bis dato völlig fremden Familie werde?

Das Leben mit seinen wechselnden Situationen und Bezugsgruppen verlangt von uns immer wieder die Fähigkeit einzuschätzen, was von uns erwartet wird. Besser gesagt: Wir sollten einschätzen können, welches Verhalten in welchem Kontext angemessen ist, um nicht zum Störfaktor oder Außenseiter, zum chronischen Fettnäpfchentreter oder unfreiwilligen Elefanten im Porzellanladen zu werden.

Deshalb ist Einschätzungskompetenz eine entscheidende Voraussetzung des Lebensglücks, denn von der gelungenen Integration in Teams, Gruppen und Verbände aller Art hängt in der Regel auch die individuelle Zufriedenheit eines Menschen ab. Anders gesagt:

Nichts belastet die Psyche eines Menschen – und damit auch langfristig die Gesundheit – mehr, als Ausgrenzung und Isolation, Zurückweisung und fehlende Akzeptanz zu erleben.

Auch in meiner Tätigkeit als Referentin ist es von großer Bedeutung, das Publikum in mehrerer Hinsicht richtig einschätzen zu können, um erfolgreich zu sein. Was ich nicht wissen kann, sind die Vorstellungen der Einzelnen bezüglich der Themen meiner Vorträge. Sie sind individuell oft sehr verschieden, obwohl ich in der Regel versuche, die Thematik in Titel und Pressetext möglichst klar zu formulieren, um keine falschen Erwartungen zu wecken. Recht gut einschätzen kann ich m. E. jedoch die Art und Weise, wie man einen Vortrag darbieten sollte, damit man nicht nur in den ersten zehn Minuten aufmerksame Zuhörer hat. Sehr wichtig ist hier beispielsweise eine klare Sprache, obwohl sie immer die Gefahr birgt, die Dinge zu sehr zu vereinfachen. Ebenso unentbehrlich ist persönliche Authentizität, denn das Publikum spürt, ob man sich hinter seinen Worten als Mensch verbirgt oder ob man sich selbst als Person mit einbringt. Männer und Frauen aller Bildungsschichten und Altersstufen haben ein sehr feines Gespür für Aufrichtigkeit. Sie wollen keine Selbstdarstellung, sondern, sofern passend, ehrliche Selbstmitteilung. Auch teilt sich die Grundstimmung, mit der ich referiere, dem Publikum unweigerlich mit. Der Tiefgang in der Sache sollte mit Humor und Fröhlichkeit verbunden sein.

Schätzt man die Menschen, die einem zuhören, richtig ein, so kann man nach meiner Erfahrung getrost auf die Kraft des Wortes vertrauen und benötigt nicht zwingend auch noch die Macht der Bilder. Zweifellos sind Bilder in vielen Fällen bereichernd und unterstützend, sei es, um etwas zu veranschaulichen, sei es, um Aussagen zu unterstreichen, zu verdeutlichen, aufzulockern usw. Auch ist es für viele Menschen hilfreich, wenn nicht nur das Ohr, sondern auch das Auge angesprochen wird. Dennoch habe ich den Eindruck, dass heute oft versucht wird, mit Bildern (Powerpoint) die Aufmerksamkeit des Publikums zu fesseln, weil man es der gesprochenen Sprache allein nicht mehr zutraut.

Ich mache dagegen immer wieder die erstaunliche Erfahrung, dass das gesprochene Wort eine faszinierende Macht besitzt. Wer beobachtet, wie gebannt Menschen – vom Kind bis zum Erwachsenen – einem guten Erzähler, einer guten Referentin lauschen, der weiß, dass das Hören für unsere geistig-seelische Entwicklung und Aktivität mindestens so bedeutsam ist wie das Sehen.

1.3 Einschätzungskompetenz, moralisches Urteilsvermögen und die Paradiesgeschichte (1. Mose 3,1–13)

In dem Maß, wie ein heranwachsender Mensch lernt, zunehmend für sich selbst und sein Handeln verantwortlich zu sein, muss er auch Urteilsvermögen und Einschätzungskompetenz erwerben. Dass diese Entwicklung ihren Preis hat, macht die hochsymbolische Erzählung von den ersten Menschen, Adam und Eva[4], deutlich. Sie spielt im „Paradies", was übersetzt „umgrenzter Raum" bedeutet. Adam und Eva leben darin wie zwei Kinder – ohne Arbeitszwang, ohne Mühsal, ohne Schamgefühle, ohne jegliche Verantwortung. Der Garten begrenzt ihren Spielraum, schützt sie gleichzeitig aber auch vor der gefährlichen Außenwelt, die (nach hebräischem Denken) nicht wohlgeordnet wie der Garten, sondern chaotisch ist. Es entspricht dem „Paradies der Kindheit", dass die beiden noch keine Sexualität kennen (sie sind sich der Unterschiedlichkeit ihrer Geschlechter nicht bewusst) – und keine Moral, denn sie „wissen nicht, was gut und böse ist". Mit diesem Ausdruck bezeichnet die

---

4 Auch die Namen sind symbolisch: Adam bedeutet „der von Erde Genommene", „Eva" wird übersetzt: „die Mutter aller Lebenden".

hebräische Sprache die ethische Verantwortlichkeit des Menschen. Sie setzt Urteilsfähigkeit voraus und ist ein wesentlicher Bestandteil der geistigen und emotionalen Entwicklung vom Kind zum Erwachsenen. Schließlich sind „gut und böse" Beurteilungen, denen klare Unterscheidungs- und Bewertungsprozesse zugrunde liegen.[5]

Typisch für ein kindliches Gemüt, ist Eva grenzenlos gutgläubig und damit leicht beeinflussbar. Sie bemerkt nicht, dass die sprechende Schlange die Anweisung Gottes (Kapitel 2,16–17: „Ihr dürft von allen Bäumen im Garten essen außer vom Baum der Erkenntnis des Guten und Bösen, denn an dem Tag, wo ihr von ihm esst, müsst ihr sterben"[6]) keineswegs korrekt wiedergibt, sondern absichtlich übertreibt: „Sollte Gott etwa gesagt haben, dass ihr von *keinem Baum* im Garten essen dürft?" Hätte Eva die Verzerrung bemerkt, wäre sie möglicherweise misstrauisch geworden. Stattdessen antwortet sie der Schlange (sinngemäß) vertrauensvoll: „Doch, wir dürfen von allen Bäumen essen, nur nicht vom Baum der Erkenntnis, sonst sterben wir!" Die listige Schlange hat ihr erstes Ziel erreicht: Eva richtet ihre Aufmerksamkeit auf den Baum und seine verbotenen Früchte. In einem zweiten Schritt weckt die Schlange Evas Begehren nach Erkenntnis und verbindet es mit einer wiederum maßlos übertreibenden Vorhersage: „Ihr werdet (dann) sein wie Gott." Eva ist auch jetzt außerstande, mit Argwohn oder wenigstens Skepsis zu reagieren – verständlich, denn Kinder verfügen über diese Fähigkeit, die eine Menge an Erfahrungen voraussetzt, erst im Lauf der Zeit.

Der dramatische Höhepunkt ist erreicht, als die Schlange bei Adam und Eva auch noch gezielt Misstrauen gegenüber dem „Übervater" Gott provoziert. Dies gelingt ihr, indem sie zum einen

....

5 Das griechische Verb „krinein", von dem sich „Kritik" ableitet, bedeutet
„unterscheiden".
6 Alle Bibelzitate aus dem Alten Testament sind aus der Zürcher Bibel
entnommen (Theologischer Verlag Zürich, Ausgabe 2007); alle Bibelzitate aus dem Neuen Testament sind von der Verfasserin selbst übersetzt worden.

betont, dass die Menschen nach dem Genuss der Frucht *mitnichten* sterben würden. Zum andern unterstellt sie Gott höchst eigennützige Motive für sein Verbot: „Er will nur nicht, dass ihr werdet wie er!" Erst Eva, dann Adam übertreten daraufhin das Verbot Gottes – und das Überraschende geschieht: Die Verheißung der Schlange trifft – abgesehen von der kühnen Übertreibung – tatsächlich ein! Die beiden ersten Menschen sterben keineswegs des Todes, sondern erleben das, was wir alle nicht in einem plötzlichen, sondern allmählichen Prozess während der Kindheit durchlebt haben: den „Verlust der Unschuld". Und das in zweifacher Hinsicht: Adam und Eva beginnen, sich ihrer unterschiedlichen Geschlechter bewusst zu werden – „Sie erkannten, dass sie nackt waren." Damit nicht genug: Sie entwickeln auch Schuldgefühle. Schuld setzt ethische Verantwortlichkeit – das heißt: das soeben erworbene „Wissen um gut und böse" – voraus!

Deutlich werden ihre Schuldgefühle darin, dass sie Gott furchtsam ausweichen: „Adam und sein Weib versteckten sich im Garten, als sie Gottes Schritte hörten"! Als Gott Adam fragt, weshalb er sich verstecke, lügt er[7] – ein weiteres Indiz, dass etwas unwiederbringlich verloren ging, nämlich die kindliche Unbefangenheit, die zunächst weder Schuld noch Lüge kennt. Auf das Verbergen folgt das Verleugnen, und als dies nichts hilft, folgt ein dritter Schritt, der beweist, dass Adam zu moralischem Bewusstsein erwacht war: Er versucht, die Schuld auf Gott *und* Eva abzuwälzen: „Die Frau, die *du* mir gegeben hast, hat mich verführt!" Gott lässt diese Ausrede nicht gelten und weist Adam und Eva aus dem Paradies hinaus in eine Welt, die der Mensch sich erst erschließen muss. Ein neuer Lebensabschnitt beginnt für die beiden: das Leben „im Schweiße ihres

---

7 „Ich bin nackt", gibt Adam als Grund an, doch in Vers 7 steht, dass sie ihre Blößen schon mit Feigenblättern geschützt hatten, sodass zur Scham kein Grund mehr bestand.

Angesichts" mit Mühsal, Schmerz, Gefahren und Abhängigkeiten. Es ist das Leben eines erwachsenen Menschen, das Leben auf eigene Verantwortung, mit eigenem moralischem Bewusstsein – und doch ganz und gar nicht sich selbst überlassen (vgl. Kapitel 5.2).

Die Paradiesgeschichte vermittelt auf sehr hintergründige und höchst beeindruckende Weise eine schmerzliche Tatsache: die moralische Mündigkeit des Menschen, die eine Grundlage der Einschätzungskompetenz und damit auch der Lebensbewältigung bildet, ist nur um den Preis des Lebens „jenseits von Eden" zu gewinnen. Die neue Freiheit wird teuer erkauft, denn sie ist nicht nur mit Erkenntnis und Wissen, sondern auch mit dem Bewusstsein eigener Schuld und Schuldfähigkeit verbunden.

1.4   „Weisheit" und Einschätzungskompetenz – ein Ausflug in die alttestamentliche Weisheitsliteratur

Es gibt nicht nur ein Artensterben, es gibt auch ein Wörtersterben. Zu den Substantiven, die heute immer weniger in Gebrauch sind, gehört zweifelsohne der Begriff der Weisheit (und sein Gegenbegriff, die Torheit). Es scheint, als ob unsere Zeit das Bewusstsein dafür verliert, dass es das gibt: weises – oder törichtes – Denken, Reden und Handeln. Wer sich allerdings in der Philosophie ein wenig auskennt, der weiß, dass das Streben nach Weisheit und die Frage, was darunter zu verstehen ist, sowohl in der fernöstlichen als auch in der griechischen Philosophie und nicht zuletzt in der Hebräischen Bibel, unserem „Alten Testament", eine zentrale Rolle spielen.

Im Folgenden möchte ich mich auf zwei wichtige Bücher der sogenannten Weisheitsliteratur im Alten Testament beschränken: das Buch der Sprüche („Proverbien") sowie das Buch „(Jesus)

Sirach".[8] Zunächst fällt auf, dass im Hebräischen nicht streng unterschieden wird zwischen den Begriffen Einsicht, Verstand, Klugheit und Weisheit. Sicherlich sind Bedeutungs- und Verwendungsunterschiede zu finden, doch sind sie nicht gravierend. *„Ich, die Weisheit, pflege der Klugheit, verfüge über Erkenntnis und guten Rat"*, heißt es beispielsweise in Sprüche 8,12 und acht Kapitel später lesen wir: *„Das Herz des Weisen macht seinen Mund klug und mehrt auf seinen Lippen die Belehrung"* (16,23). Auch in dem Spruch: *„Durch Weisheit wird ein Haus gebaut, durch Klugheit gewinnt es Bestand und durch Einsicht werden die Kammern gefüllt mit allerlei kostbarer, lieblicher Habe"* (Sprüche 24,3–4) kann man zwischen den drei verwendeten Begriffen Weisheit, Klugheit und Einsicht keinen bemerkenswerten Unterschied erkennen.

Ebenso werden die Gegenbegriffe Narrheit, Torheit, Einfalt, Unverständnis oft synonym verwendet. *„Ein weiser Sohn ist seines Vaters Freude, aber ein törichter Sohn ist der Kummer seiner Mutter"* (Sprüche 10,1). Sirach schreibt: *„Das Herz des Toren ist wie eine löchrige Zisterne, es kann keinerlei Weisheit festhalten"* (21,14).[9] Was aber wird als weise, klug, verständig, einsichtig charakterisiert?

Es ist bezeichnend für hebräisches bzw. jüdisches Denken, dass das *konkrete Verhalten, die Lebenspraxis* im Mittelpunkt der Überlegungen steht. Die Klugheit und Einsicht, der Verstand und die Weisheit einer Person werden erkennbar an der Art und Weise, wie sie ihr Leben führt und ihre Beziehungen gestaltet. Tiefschürfende Betrachtungen und Gedanken sind kein Selbstzweck, sondern dienen immer einem Ziel, nämlich der Frage: Was folgt daraus für die Praxis?

....

8   Es findet sich, da es sehr spät – ca. im 2. Jahrhundert vor Christus – entstanden ist, allerdings nicht in der hebräischen, sondern nur in der griechisch verfassten Ausgabe der Hebräischen Bibel, auch „Septuaginta" genannt. Die Schriften, die nur dort zu finden sind, bezeichnet man als Apokryphen.

9   „Herz" bezeichnet im Hebräischen das Zentrum von Denken, Fühlen und Entscheidungen.

Die Propheten, die über Jahrhunderte hinweg immer wieder in Israel auftraten, prangerten deshalb auch in erster Linie die Kluft zwischen Reden und Handeln, zwischen frommen Lippenbekenntnissen und realem Verhalten an. Eindringlich machten sie darauf aufmerksam, dass Gott sich nicht an Versprechungen, Ritualen und Worthülsen orientiert, sondern am konkreten Verhalten, vor allem am Verhalten Schwächeren gegenüber.

Auch Jesus von Nazareth stand in dieser Tradition, wie vor allem die drei Evangelisten Matthäus, Markus und Lukas bezeugen. Besonders deutlich wird dies in der sogenannten „Bergpredigt" des Matthäusevangeliums. Wenn man die Kapitel 5 bis 7 aufmerksam liest, stellt man überrascht fest: Aussagen über den „richtigen Glauben" bzw. die „richtigen Überzeugungen" über Gott oder gar Jesus fehlen komplett, stattdessen dominieren Anweisungen für die *Lebenspraxis* jener Menschen, die im Vertrauen auf Gott leben. Man könnte auch sagen: Jesus schildert in einer Fülle von Anwendungsfeldern, wie Glaube sich im Alltag praktisch auswirkt und bewährt. „Wer meine Worte hört und sie *tut, ist klug*", so lautet sein Fazit, das dem Hörer oder Leser zum Schluss mit dem Gleichnis von den beiden Bauherren eingeschärft wird (Matthäus 7,24–27).

Doch zurück zur Weisheitsliteratur des Alten Testaments: **Im Zentrum zahlreicher Reflexionen stehen Lebensführung und Lebensbewältigung des Menschen.** Beide sind untrennbar mit Einschätzungskompetenz verknüpft.

Diese beruht vor allem auf folgenden Voraussetzungen:
- Lernen und Wissensaneignung
- Genaue Beobachtung plus Reflexion (= Erfahrung)
- Anerkennen eigener Grenzen, auch Grenzen der Einschätzungskompetenz und Lebensbewältigung
- Anerkennen, dass Gott der entscheidende Lenker und Einflussfaktor allen Geschehens ist

Lernen und Wissensaneignung

„Wer auf guten Rat hört, der ist weise" (Sprüche 12,15), ja, mehr noch: *„Wer mit Weisen umgeht, der wird weise"* (13,20). Und das späte Buch Sirach wird noch konkreter: *„Versäume nicht das Lehrgespräch der Weisen und mit ihren Sinnsprüchen gib dich eifrig ab; denn dadurch wirst du Bildung empfangen, sodass du vor Fürsten treten kannst. Verschmähe die Überlieferung der Alten nicht, die sie von ihren Vätern übernommen haben; denn dadurch wirst du Einsicht gewinnen und kannst Rede stehen, wenn es nottut"* (Sirach 8,8–9). Auffallend an der jüdischen Religion ist, dass sie dem Lernen einen zentralen Stellenwert beimisst. Die Wertschätzung von Wissensaneignung sowie Bildung zieht sich wie ein roter Faden nicht nur durch die Hebräische Bibel, sondern auch durch die Geschichte des jüdischen Volkes bis in die Gegenwart. Einer der Gründe dafür, dass Juden in aller Welt überproportional häufig herausragende Leistungen auf zahlreichen Gebieten erbrachten (man sehe sich nur die Liste der Nobelpreisträger mit jüdischen Wurzeln an), liegt in der Tradition des jüdischen Volkes, auf eine profunde Ausbildung großen Wert zu legen. Keineswegs nur, weil daraus die Chance erwuchs und erwächst, die eigenen Potenziale zu entwickeln und beruflichen Erfolg zu haben. Im Gegenteil – die ursprüngliche Triebfeder galt einem anderen Ziel: Bildung war die Grundlage dafür, sich mit den heiligen Texten, vor allem mit dem sogenannten „Gesetz" (worunter die fünf Bücher Mose verstanden werden), auseinandersetzen zu können, sei es durch Lesen, sei es durch Diskussionen mit Lehrern oder Mitschülern. Nicht gedankenloses Auswendiglernen und Nachplappern waren gefragt, sondern eine geistig-kreative Aneignung dessen, was man las und was von den Vorfahren überliefert worden war.

Auch Jesus setzte sich keineswegs unkritisch mit den heiligen Schriften seines Volkes auseinander, sondern bewies in seinen Kommentaren eine geistige Originalität und Eigenständigkeit, die sogar seine Gegner anerkennen mussten. (Desgleichen hatte Martin Luthers „Bildungsoffensive" in der Reformation das Ziel, Menschen ein gewisses Grundinstrumentarium für ihr Studium der Bibel mitzugeben. Ebenso wichtig war ihm jedoch auch, durch Bildung die Möglichkeit zu schaffen, mittels beruflicher Qualifikation seinen Lebensunterhalt bestreiten zu können und ein „nützliches" Mitglied der Gesellschaft zu sein – dies auch in kritischer Abhebung vom Müßiggang mancher geistlicher Ordensleute.)

Fakt ist: Wer lernt, erwirbt Wissen, das ihm neben vielen anderen Vorteilen die Fähigkeit verleiht, Dinge, Sachverhalte und Vorgänge leichter einordnen und fachkundiger beurteilen zu können. Nicht zufällig werden bei schwierigen Beurteilungsprozessen immer häufiger sogenannte „Sachverständige" herangezogen, die sich ein Höchstmaß an Spezialwissen in einem bestimmten Gebiet angeeignet haben.

Doch Lernen und Wissensaneignung bedürfen immer auch einer Person, die uns auf Fehler und Defizite hinweist. *„Wer Korrektur in den Wind schlägt, verachtet sein Leben, wer aber auf Kritik hört, der erwirbt Verstand"*, lesen wir in Sprüche 15,32.

Wird aber aus falscher Höflichkeit, aus Bequemlichkeit oder aus Mitleid – um nur drei Motive zu benennen – auf eine Korrektur von Fehlern verzichtet, so wird der Lernende um eine wichtige Lernchance gebracht. Ebenso unfair dem Schüler gegenüber ist es, seine Leistung nicht realitätsgerecht einzuschätzen, sondern sie – um ihm Enttäuschung und sich selbst eventuell Ärger zu ersparen – zu gut zu bewerten.

Beides – Verzicht auf notwendige Korrektur sowie Erteilung zu guter Beurteilungen und Zensuren – ist an Schulen, aber auch Universitäten nicht mehr unüblich. Es bewahrt die Lernenden vor Frustration und die Lehrenden vor Protest und Scherereien. Die Folge: Den Kindern, Jugendlichen und jungen Erwachsenen wird es erschwert, eine realistische Einschätzung der eigenen Kompetenzen und Fähigkeiten zu erwerben. Das führt spätestens in der beruflichen Praxis nicht selten zu bitteren Erfahrungen von Überforderung oder gar Scheitern.

Wer lehrt, sollte auch bereit sein, kritisches und ehrliches Feedback zu geben, auch wenn dies für beide Seiten – Lehrende und Lernende – der anstrengendere Weg ist. Ein altes römisches Sprichwort lautet *„Per aspera ad astra"* – zu Deutsch: *„Über Unebenes zu den Sternen"*! Damit wird, so denke ich, deutlich, dass der Weg zum Erfolg mit Stolpersteinen gepflastert ist, die nicht andere aus dem Weg räumen sollten, sondern die man am besten selbst überwindet.

Genaue Beobachtung plus Reflexion (= Erfahrung)

„Ich ward es gewahr und nahm mir's zu Herzen, ich sah es und zog daraus eine Lehre", heißt es im Buch der Sprüche (24,32). Deutlich wird, dass (in der typisch hebräischen Doppelung der Aussage) jeweils zwei verschiedene Vorgänge genannt werden: „gewahr werden/sehen" einerseits und „zu Herzen nehmen/eine Lehre daraus ziehen" andererseits. Um klug oder weise zu werden, muss der Mensch folglich die Fähigkeit entwickeln, genau zu beobachten *und* über seine Beobachtungen und Erlebnisse nachzudenken. Denn nur dann kann er die richtigen Schlüsse ziehen und zu den richtigen Einschätzungen und Urteilen kommen. Man könnte auch sagen: Nur auf diesem Weg werden aus Beobachtungen, Eindrücken und Erlebnissen wertvolle *Erfahrungen.*

Einige Sentenzen im Buch Sirach verdeutlichen, was damit konkret gemeint ist: *„Am Blick erkennt man den Mann und den Verständigen an der Weise seines Auftretens"* (Sirach 19,29) – hier wird auf die Bedeutung der Körpersprache eines Menschen hingewiesen, die einiges über sein Denken und Fühlen aussagt und die es zu entschlüsseln gilt.[10] In eine ähnliche Richtung weist die Aussage:

....

10   Vgl. dazu Beate M. Weingardt, Faszination Körpersprache,
     SCM R.Brockhaus Verlag

„Das Gewissen verändert des Menschen Angesicht, sei es zum Guten oder sei es zum Schlimmen", und ebenso: „Der Gang des Menschen offenbart, was an ihm ist" (Sirach 19,30)!

Und wenn festgestellt wird: „Der Kluge sieht das Unglück kommen und schützt sich; die Einfältigen gehen munter dahin und müssen es büßen" (Sprüche 22,3), so wird damit gesagt, dass der Kluge die Anzeichen oder Vorboten von Ereignissen wahrnimmt und richtig deutet, während der Einfältige oder Törichte diese Anzeichen ignoriert bzw. nicht ernst nimmt. Eine Wahrheit, die bis heute uneingeschränkte Gültigkeit hat.

Zur Weisheit gehört auch, sich nicht mit dem äußeren Schein zu begnügen, sondern darunterliegende Schichten aufzuspüren. „Der Weise erkennt, wen er vor sich hat, und schnell durchschaut er den Frevler", schreibt Sirach (21,7). Allerdings setzt Erfahrung auch voraus, sich neuen Situationen und Unvertrautem auszusetzen. Das Wort „fahren" bedeutete ursprünglich: „unterwegs sein" (vgl. „fahrendes Volk": ein alter Begriff für obdachlos und meist zu Fuß durchs Land ziehende Menschen), was nahelegt, dass Erfahrung durch Aufbruch ins Neue, Unbekannte möglich wurde. „Ein Mann, der weit herumgekommen ist, hat reiche Kenntnisse und ein Vielerfahrener wird verständig Auskunft geben. Wer nichts erfahren hat, kennt wenig, wer aber weit herumgekommen ist, bringt es zu großer Klugheit", schreibt deshalb Sirach (34,9–10). Gerade das Neue und Fremde außerhalb der vertrauten Umgebung bringt es mit sich, dass man aufgeschlossener und lernbereiter ist. Genaue Beobachtung und Aufmerksamkeit helfen auf fremdem Terrain, sich möglichst rasch orientieren zu können und mögliche Gefahren frühzeitig zu erkennen.

Die Beispiele mögen genügen, um deutlich zu machen, dass Einschätzungskompetenz auch mit der Fähigkeit verbunden ist, Wahrnehmungen aufgrund von Erfahrung und Nachdenken gründlich auszuwerten. Denn: Etwas zu vernehmen oder zu beobachten ist das eine, was uns Tag für Tag ganz selbstverständlich widerfährt.

Doch es zu reflektieren und richtig zu interpretieren, es in die richtigen Zusammenhänge einzuordnen und die angemessenen Konsequenzen daraus zu ziehen – das alles sind geistige Folgeprozesse, die sich keineswegs selbstverständlich ergeben. Was aber bedeutet es, etwas richtig einzuordnen oder einzuschätzen? „Richtig" meint in diesem Fall, die Realität möglichst präzise und ohne subjektive Wahrnehmungsfilter zu erfassen.

Ein etwas makabrer Witz schildert, wie ein persönlicher Wahrnehmungsfilter im Extremfall aussehen kann: Ein sogenannter „Geisterfahrer" hört im Radio die Meldung, dass auf der Strecke, die er gerade befährt, ein Falschfahrer unterwegs sei. Sein Kommentar: „Einer? Von wegen! Tausende!" Die Pointe dieses „Witzes" macht deutlich, dass der Irrfahrer – in vollkommener Verkennung der Realität – sich selbst als korrekt handelnd einstuft und dementsprechend alle anderen Verkehrsteilnehmer auf seiner Strecke als „Geisterfahrer" betrachtet. Worin besteht sein Filter? Der Verkehrsteilnehmer hält es für ausgeschlossen, dass er selbst einen Fehler machen könnte. Deswegen denkt er über die Meldung nicht weiter nach und kommt nicht auf die Idee, die Radiomeldung richtig zu interpretieren. Seine vorgefasste Überzeugung verhindert eine korrekte Einschätzung des eigenen aktuellen Fahrverhaltens. Vorgefasste Meinungen, sei es über sich, über andere Menschen oder über bestimmte Sachverhalte, sind die gefährlichsten Feinde der richtigen Einschätzung.

Anerkennen eigener Grenzen, auch Grenzen der Einschätzungskompetenz und Lebensbewältigung

Filter in Bezug auf die eigene Selbstwahrnehmung sind aus psychologischer Sicht normal, gefährlich ist es allerdings, sich ihrer nicht bewusst zu sein oder zu werden. Dass zwischen Selbst- und Fremdeinschätzung oft erhebliche Unterschiede bestehen, machen unzählige psychologische Tests deutlich. So können Freunde unser Verhalten in bestimmten Situationen erwiesenermaßen oft besser voraussagen als wir selbst. Der Grund: Sie sehen uns eher so, wie wir *sind* (zumindest in unserem Verhalten), wir hingegen sehen uns, wie wir uns sehen *wollen*. Der allen Menschen gemeinsame Wunsch, gut von sich selbst zu denken, verzerrt die Selbstwahrnehmung erheblich. Ebenso ist der Filter, sich selbst im Fall eines Konflikts eher als Reagierenden denn als Agierenden zu sehen („Wenn der andere nicht …, dann hätte ich nicht …"), eine bei allen Menschen beobachtbare Verzerrung der Selbstwahrnehmung. Sie hat ihren Hintergrund in der Tatsache, dass wir ungern an einem negativen Ereignis schuld sein möchten, wie ich schon anhand der Paradiesgeschichte deutlich machte. Weisheit bedeutet deshalb, sich der Grenzen eigener Selbsteinschätzung und Selbstwahrnehmung bewusst zu sein.

Allerdings sind auch Fremdeinschätzungen häufig verzerrt. Vorurteile und Ressentiments, ebenso intensive Gefühle wie Faszination und Bewunderung, Neid und Eifersucht, Hass und Groll, Unteroder Überlegenheitskomplexe bilden mächtige Filter, die den klaren Blick trüben bzw. dazu führen, dass Wesentliches übersehen wird.

„Der hat doch noch nie eine Sache, die er anfing, länger als drei, vier Jahre durchgehalten", war der Kommentar eines Nachbarn, als ich von einem uns beiden bekannten Gastronomen sprach, der ankündigte, seinen bisherigen Standort aufzugeben und eine neue Gaststätte zu pachten. Die Einschätzung, die mein Gegenüber abgab, hatte durchaus ihre Gründe, dennoch war sie zu pauschal. Ihr Vorteil: Sie erlaubte es ihm, sich keine weiteren Gedanken über die betreffende Person und ihre Entscheidung zu machen.

Deutlich wird, dass Vorurteile und verallgemeinernde Einschätzungen uns ermöglichen, die komplexe Wirklichkeit erheblich zu vereinfachen. Wir haben für viele ähnlich scheinende Fragen oder Probleme die gleiche Antwort bzw. Lösung zur Hand. Damit ersparen wir uns langwierige und geistig anstrengende Einzelfallprüfungen sowie umständliche Unterscheidungen. Sätze, die beispielsweise mit „Alle … sind …" oder „Immer … wenn …" beginnen, lassen solche

Voreingenommenheiten häufig erkennen. Natürlich sind auch die meisten Sentenzen der Weisheitsliteratur sehr verallgemeinernd, doch steht hier das Ziel im Vordergrund (das auch allen Sprichwörtern zugrunde liegt), etwas kurz und knapp zu formulieren, damit man es sich leicht merken kann. Das Sprichwort „Jung gefreit hat nie gereut" trifft nicht immer zu, ebenso wie „Müßiggang" keineswegs „aller Laster Anfang" sein muss!

Grenzen der Einschätzungskompetenz ergeben sich demnach aus der Erkenntnis, dass unsere persönliche Erfahrung eine Tendenz zur Übergeneralisierung hat („In Italien regnet es nie im Juli, ich mache da schon seit 30 Jahren Urlaub!"). Diese Tendenz kann sehr gefährlich werden.

Riskant ist es, wenn man im Hochsommer zu einer Hochgebirgstour aufbricht in der Annahme, dass um diese Jahreszeit dort kein massiver Kälteeinbruch möglich ist. „Zwei Bergsteiger am Montblanc erfroren", meldete das Radio im August 2017, ergänzt durch die Bemerkung, dass es sich um „erfahrene Bergwanderer" gehandelt hätte. Daraus kann nur der Schluss gezogen werden, dass die beiden bei ihrer Einschätzung der Wetterverhältnisse möglicherweise zu optimistisch gewesen waren, sonst hätten sie sich gegen einen unerwarteten Kälteeinbruch vermutlich wappnen können.

Doch wichtig ist, sich klarzumachen: Auch der intelligenteste und nachdenklichste Mensch mit umfassender Erfahrung ist niemals gegen Einschätzungsfehler gefeit. Denn nichts wiederholt sich, wie schon der griechische Philosoph Heraklit (um 540 v. Chr. bis ca. 480 v. Chr.) mit dem berühmten Satz deutlich machte: *„Wir steigen in denselben Fluss und steigen doch nicht als dieselben hinein"* – weil der Fluss eben nicht mehr derselbe ist, genauso wenig wie wir selbst. Deshalb gehören Fehler der Einschätzung zu unserer Grundverfassung: Wir können uns irren und das ist menschlich.

Möglicherweise ist es allerdings manchmal auch von Vorteil, Einschätzungsfehler zu machen. Andernfalls würde man sich bestimmte Vorhaben mit ziemlicher Sicherheit nicht zutrauen. Gehören nicht unglaubliches Selbstvertrauen sowie großes Vertrauen in einen anderen Menschen dazu, um das Wagnis einer Ehe einzugehen? *Müssen* wir nicht geradezu uns selbst in gewissem Sinn überschätzen, um uns die Verantwortung zuzutrauen, Kinder zu bekommen und großzuziehen? Überhaupt: Weshalb sind junge Menschen oft viel wagemutiger, ja draufgängerischer als ältere? Doch wohl auch, weil sie dazu neigen, ihre eigenen Kräfte und Kompetenzen zu überschätzen und mögliche Gefahren und Hindernisse zu unterschätzen. Das kann in „jugendlichen Leichtsinn" ausarten (mit mitunter tragischen Folgen), es kann aber auch Leistungen und Abenteuer ermöglichen, die ohne ein gehöriges Maß an Unwissenheit und optimistischer Wahrnehmungsverzerrung niemals zustande kämen.

Wer jedoch zu sehr und zu ausschließlich auf die eigenen Fähigkeiten und Erfolge vertraut, lebt gefährlich, wie die Weisheitsliteratur immer wieder betont. *„Dem Reichen sind seine Güter eine feste Burg, sie sind wie eine hohe Mauer – in seiner Einbildung",* vermerkt der Verfasser der Sprüche (19,12) geradezu sarkastisch und meint damit, dass Reichtum zur Selbstüberschätzung verführt.[11] Es ist töricht und unrealistisch, sich aufgrund angehäufter materieller Güter in völliger Sicherheit zu fühlen. Das verdeutlicht im Übrigen höchst eindrucksvoll das Gleichnis Jesu vom „reichen Kornbauern", der sich dank seiner materiellen Vorsorge in vollkommener Sicherheit wiegt. Dementsprechend diktiert er seiner Seele „sorgloses Wohlbefinden". Worauf Gott ihn als „Narr" bezeichnet, weil Entscheidendes vollkommen außer Acht gelassen wird. Es ist die durch

---

11 Dies gilt auch für geistigen Reichtum, beispielsweise in Form von hoher Intelligenz oder Bildung. Dementsprechend verstehe ich Jesu Seligpreisung: „Selig sind die geistig Armen, denn ihnen gehört das Reich der Himmel" (Matthäus 5,3) nicht im Sinne von „Dummheit hat's gut!", sondern dahingehend, dass nur der Mensch, der die Grenzen seiner Erkenntnisfähigkeit erkennt und anerkennt, Zugang zu Göttlichem hat.

keine Vorsorgemaßnahme unter Kontrolle zu bringende Macht des Todes, die alle Pläne zunichte machen kann (Lukas 12,16–21). Dieses Gleichnis bringt auch klar zum Ausdruck, worin die vierte Komponente der Einschätzungskompetenz besteht, die ein fundamentaler Bestandteil der Weisheit ist.

Anerkennen, dass Gott der entscheidende Lenker und Einflussfaktor allen Geschehens ist

Verbunden damit, dass der Mensch eigene Grenzen anerkennt, ist seine demütige Bereitschaft, Gott – verstanden als personales Gegenüber – als unumschränkten Souverän zu respektieren.[12] Die entsprechende geistig-seelische Grundhaltung Gott gegenüber wird im Hebräischen mit einem Wort ausgedrückt, das in alten deutschen Übersetzungen meist mit „Furcht/fürchten" übersetzt wurde. Dies führt auf eine falsche Spur, denn „Furcht" ist in unserer Sprache eng verwandt mit „Angst". „Furcht" hat im Hebräischen jedoch einen wesentlich weiteren Bedeutungsumfang. Zwar kann es auch „Angst" bedeuten, beispielsweise mit der Folge, dass man sich vor jemandem versteckt (so Adam im Paradies, als er Gottes Schritte hört), doch ebenso häufig ist gemeint: „Scheu" oder „Ehrfurcht" im Sinne von „Anerkennen einer klaren Überlegenheit des Gegenübers". Natürlich kann bei dieser Form der Anerkennung auch die Emotion der Bangigkeit mitschwingen – wem ist dies aus der Kindheit, als der Nikolaus noch eine durchaus einschüchternde Gestalt sein konnte, nicht in Erinnerung?

Ehrfurcht gegenüber anderen Menschen signalisiert, dass wir uns des großen Abstandes oder Rangunterschiedes zwischen uns und unserem Gegenüber bewusst sind, ohne deshalb Furcht zu empfinden. So ist z. B. in einem Lindauer Museum ein Film über die

---

12 Ausgedrückt wird dies in Anreden wie „König", „Herr der Heerscharen", „Herrscher" usw.

dort alljährlich stattfindende Begegnung zwischen Nobelpreisträgern und jungen Nachwuchswissenschaftlern zu sehen. Es ist bewegend, die freudige Ehrfurcht zu beobachten, mit der die angehenden Forscher sich den weltberühmten Spitzenforschern nähern. Da sie deren wissenschaftliche Leistung einigermaßen einschätzen können, ist ihnen der Abstand zwischen dem selbst schon Erreichten und den bahnbrechenden Entdeckungen der Nobelpreisträger wohl bewusst. Entsprechend ist ihnen klar, dass es sich, was den beruflichen Part anbelangt, nicht um eine Begegnung „auf Augenhöhe" handelt, sondern dass die Nobelpreisträger ihnen weit überlegen sind. Die natürliche Reaktion darauf ist wertschätzende Ehrfurcht und tiefer Respekt.

Doch nicht nur in der Begegnung mit Menschen, sondern auch in der Begegnung mit deren Werken oder in der Begegnung mit Tieren und der Natur kann uns Ehrfurcht überwältigen, wie beispielsweise Psalm 8 zum Ausdruck bringt, wo es heißt: *„Wenn ich die Himmel sehe, das Werk deiner Finger, den Mond und die Sterne, die du bereitet hast: Was ist der Mensch, dass du an ihn denkst, und der Sohn des Menschen, dass du dich seiner annimmst?"* (Verse 4 + 5).

Wichtig ist, dass wir uns vergegenwärtigen: Bei der „Furcht Gottes" steht nicht die Angst oder Furcht im Vordergrund, obwohl sie in diversen Erzählungen des Alten Testaments durchaus eine Rolle spielt. Doch die Grundströmung ist eine andere, denn der zentrale Kern des jüdischen Glaubensverständnisses ist Vertrauen. Schließlich bedeutet das Wort „glauben" im Hebräischen wörtlich: „vertrauen, sich verlassen auf Gott, sich festmachen in Gott". Damit ist Nähe und Verbundenheit untrennbar verknüpft – man kann sich nicht in oder an etwas verankern und festmachen, vor dem man ausweicht oder angstvoll zurückweicht. Auch aus psychologischer Sicht schließen sich Vertrauen und Angst oder Furcht aus. Denn wir scheuen die Nähe dessen, den wir fürchten, und können deshalb auch kein Vertrauen zu ihm entwickeln.

Die Tatsache, dass Ehrfurcht und Vertrauen im Gottes- und Glaubensverständnis Israels untrennbar zusammengehören, verdeutlicht: Gott ist eine Kraft, die alle menschlichen Möglichkeiten (und Vorstellungen) weit übersteigt und sich doch dem Menschen anteilnehmend und engagiert zuneigt. Dies ist die biblische Überzeugung, die sich seit der „Ausweisung aus dem Paradies" wie ein roter Faden durch Altes und Neues Testament zieht. Gerade deswegen kann der Mensch jener höchsten Macht alles, aber auch alles zutrauen.[13] Nur die Haltung der Ehrfurcht ist dieser unvorstellbaren Kraft und Energiequelle gegenüber angemessen.

Prinzipiell gehört das respektvolle Vertrauen in eine höhere personale Macht für hebräisches Denken zu den nicht hinterfragbaren Voraussetzungen für Klugheit, Einsicht und Weisheit und damit für eine reife Lebensbewältigung.[14] Dementsprechend lesen wir in den Einleitungen der Weisheitsschriften meist Ähnliches: „*Die Ehrfurcht vor dem Herrn (= Gott) ist der Anfang der Erkenntnis*" (Sprüche 1,7), noch ausführlicher Sirach (1,18–20): „*Krone der Weisheit ist die Ehrfurcht vor dem Herrn, sie lässt Wohlergehen, Leben und Gesundheit erblühen. Sie ist ein starker Stab und eine herrliche Stütze und erhöht den Ruhm derer, die nach ihr greifen. Wurzel der Weisheit ist die Ehrfurcht vor dem Herrn und ihre Zweige sind langes Leben.*" Auch im Buch Hiob, das ebenfalls zu den Weisheitsschriften zählt, heißt es (28,28): „*Die Ehrfurcht vor dem Herrn, das ist Weisheit.*" Diese Weisheit beinhaltet wachsende Einschätzungskompetenz, die uns als lernenden und denkenden Menschen zu erwerben aufgetragen ist – und reicht doch weit über sie hinaus.

....

13   Dazu gehört auch das für den Menschen Unfassbare oder Schreckliche, wie im Alten Testament immer wieder betont wird.
14   Sehr wohl hinterfragbar sind allerdings die Eigenschaften dieser Macht, d. h. die Bilder, die sich die Menschen von Gott machen. Dies wird in den Weisheitsbüchern Hiob und Kohelet unmissverständlich und mit schonungsloser Offenheit dargelegt.

2 Wertschätzung – Schlüssel zum Lebensglück

> *Schläft ein Lied in allen Dingen,*
> *Die da träumen fort und fort;*
> *Und die Welt hebt an zu singen,*
> *Triffst du nur das Zauberwort.*
>
> JOSEPH VON EICHENDORFF (1788–1857)

2.1 Der Unterschied zwischen Wertschätzung und Respekt

Ich erinnere mich an meine Schulzeit: Es gab Lehrer und Lehrerinnen, vor denen ich Respekt hatte. Es gab aber auch Lehrer, die respektierte ich nicht nur, sondern schätzte sie aufgrund ihrer Persönlichkeit – soweit sie sich mir erschloss. Da war mein Englischlehrer in der Oberstufe, Herr Kölbl. Er legte nicht besonders viel Wert auf Disziplin, was manche Mitschüler ausnutzten. Waren sie zu unaufmerksam, konnte er durchaus wütend werden. Doch für mich war er ein wahrer Philosoph! Er beeindruckte mich mit seinen klugen Fragen, die wir – natürlich auf Englisch – der Reihe nach beantworten mussten. Zum Schluss gab er seine eigene Antwort. Er brachte sich dabei als Individuum ein, versteckte sich nicht hinter Lernzielen und Lehrplan. Er teilte uns etwas von sich selbst mit, was ich als Geschenk ansah. Manche seiner eigenen Antworten habe ich heute noch im Ohr. Ich bewunderte seine umfassende Bildung und seine souveräne Freundlichkeit, die er sich in einem langen Lehrerdasein bewahrt hatte. Herr Kölbl war der einzige männliche Lehrer, den ich nach meinem Abitur noch einmal – er war inzwischen pensioniert – privat besuchte, und wieder war ich hingerissen von seiner persönlichen Ausstrahlung, seiner nonchalanten Offenheit und seinem Wissensdurst. Gern hätte ich ihn noch öfter besucht, doch er zog weit weg.

Deutlich wird: Wir können jemanden wertschätzen, was gleichzeitig impliziert, dass wir Respekt – im Sinne von Achtung – vor ihm haben. Wir können jemanden aber auch nur respektieren, ohne ihn als Mensch wertzuschätzen.

Nicht zuletzt besteht auch die Möglichkeit – und Notwendigkeit! –, dass wir jemanden gedanklich und emotional nicht respektieren und ihn dennoch mit Respekt *behandeln,* weil er durch seine Funktion eine gewisse Autorität besitzt. Das kann z. B. der Polizist sein, der mich zum Vorzeigen meines Führerscheins auffordert, oder die Richterin, deren Urteilsspruch ich zunächst einfach akzeptieren muss, auch wenn er meinem subjektiven Rechtsempfinden in keiner Weise entspricht. Der Respekt gilt hierbei nicht unbedingt dem Menschen – den wir ja oft gar nicht persönlich kennen –, sondern der Tatsache, dass dieser Mensch dank seiner Position gewisse Befugnisse hat.

Dass diese Autorität unabhängig von unserer persönlichen Meinung oder Einsicht gilt, musste auch ich als Jugendliche lernen. Ich stand auf Kriegsfuß mit unserem Ortspolizisten, der mich immer wieder maßregelte, wenn er mich beim Fahrradfahren ohne funktionierendes Rücklicht antraf. Meiner Meinung nach war er ein kleinkarierter Wichtigtuer, der mich nur schikanieren wollte. Eines Abends, ich war vielleicht 13 oder 14 Jahre alt und auf dem Weg nach Hause, erwischte er mich wieder einmal mit nicht ausreichender Beleuchtung meines Fahrrads. In der Nähe befand sich der Arbeitsplatz meines Vaters und ich sah, dass in dessen Büro noch Licht brannte. Wütend forderte ich den Polizisten auf, mit mir zu meinem Vater zu gehen. Der Polizist willigte tatsächlich ein und siegessicher kreuzte ich mit ihm bei meinem verdutzten Vater auf. Wir schilderten ihm den Fall – und zu meiner grenzenlosen

Enttäuschung schlug sich mein Vater auf die Seite des Polizisten und gab diesem recht. Ich empfand dies natürlich als Verrat und Feigheit vor dem Feind, zumal mein Vater es später, bei uns zuhause, nicht für nötig hielt, mir seine Entscheidung zu erklären. Wahrscheinlich war es ihm schon peinlich – und lästig! – genug gewesen, dass seine Tochter den Polizisten wegen einer solchen Lappalie zu ihm ins Büro geschleppt hatte. Heute ist mir klar, dass mein Vater ganz nüchtern unterschieden hatte zwischen seiner persönlichen Meinung und geltendem Recht, das der Polizist eindeutig auf seiner Seite hatte. Ich vermute, dass mein Vater die Tatsache eines fehlenden Rücklichts persönlich vollkommen unwichtig fand, doch er respektierte die Funktion des Polizisten als „Hüter des Gesetzes" und verlangte dies auch von mir. Ein kluges Verhalten, das ich damals jedoch absolut nicht nachvollziehen konnte.

Respekt setzt also keineswegs Wertschätzung oder Sympathie voraus – doch Wertschätzung ist nicht ohne Respekt denkbar.[15] Sie geht allerdings über Respekt hinaus, weil emotionale Wertschätzung mit Sympathie und Verbundenheit verknüpft ist, wie wir noch sehen werden.

Zur Verdeutlichung des Unterschieds sei abschließend die Frage gestellt: Haben Sie Ihre Großeltern nur respektiert oder auch wertgeschätzt, ja womöglich innig geliebt? Ich weiß aus vielen Erzählungen und eigener Erfahrung, dass es früher selbstverständlich war, alten Menschen mit Respekt zu begegnen, teilweise wurden sie sogar mit „Ihr" angesprochen. Dieser Respekt war nicht unbedingt angeboren, sondern wurde den Kindern anerzogen, ja diktiert! Wenn die Großeltern allerdings liebevoll und warmherzig waren und kein Klima der Furcht aufkommen ließen, so verband sich der uns „verordnete" Respekt schon bald mit Vertrauen und Zuneigung. Man

---

15 Es sei denn, wir schätzen einen Menschen dafür, dass er sich von uns ausnutzen oder übers Ohr hauen lässt.

liebte sie und kam gern zu ihnen. Waren die Großeltern – manchmal auch nur ein Großelternteil – jedoch streng, unnahbar und kühl, so blieb es beim Respekt; eine gewisse emotionale Distanz wurde nie durchbrochen.[16] Anhänglichkeit setzt voraus, dass man sich mit seiner Zuneigung irgendwo „anhängen" kann. Das ist nur möglich bei Menschen, die nahbar und aufgeschlossen sind und emotionale Verbundenheit mit ihrem Gegenüber anstreben.

2.2   Wertschätzung – Sehnsucht des Menschen

Der Freiburger Medizinprofessor und Psychotherapeut Joachim Bauer schreibt in seinem Buch „Prinzip Menschlichkeit": „Kern aller (menschlichen) Motivation ist es, zwischenmenschliche Anerkennung, Wertschätzung, Zuwendung oder Zuneigung zu finden und zu geben. Wir sind aus neurobiologischer Sicht auf soziale Resonanz und Kooperation angelegte Wesen." Und weiter: „Nichts aktiviert die Motivationssysteme des Menschen so sehr wie der Wunsch, von anderen gesehen zu werden, die Aussicht auf soziale Anerkennung, das Erleben positiver Zuwendung und – erst recht – die Erfahrung von Liebe."[17]

Was Bauer hier mit den nüchternen Worten des Wissenschaftlers darlegt, ist den meisten Menschen nicht bewusst: Hinter fast allem, was wir anstreben und tun (oder auch lassen), verbirgt sich der Wunsch nach Wertschätzung. Er kann sich in sehr verschiedenen Formen ausdrücken – in der Sorge um das perfekte Aussehen oder um das eigene Ansehen, im beruflichen Ehrgeiz ebenso wie im Machthunger, im Streben nach Statussymbolen ebenso wie im ehrenamtlichen Engagement oder im leidenschaftlich betriebenen Freizeitsport. Was

....

16   Wobei selbstverständlich auch eine Rolle spielt, wie häufig ein Kontakt stattfindet, um überhaupt Vertrautheit entstehen zu lassen.
17   Joachim Bauer, Prinzip Menschlichkeit, Hoffmann und Campe, Hamburg 2006, S. 34f.

Letzteres betrifft, so fällt auf, dass zunehmend mehr Menschen – man denke nur an die zahllosen Marathonläufe – ihr Ansehen durch sportliche Leistungen aller Art zu steigern versuchen. Auch das Smartphone wird immer mehr zur Selbstdarstellung genutzt – Bilder, Blogs, Facebook-Einträge und -kommentare, Chatrooms, Twitter und viele andere Möglichkeiten zeigen, wie begehrt und beliebt diese Plattformen sind, um von den Mitmenschen in irgendeiner Form positive Rückmeldung und Zuwendung („Likes"!) zu erhalten. Ganz zu schweigen von der überbordenden Kommunikation per WhatsApp, die (abgesehen vom manchmal wichtigen Informationsaustausch) auch als ein Ruf nach Aufmerksamkeit und Antwort verstanden werden kann. Es ist – auch – die latente Angst vor der eigenen Bedeutungslosigkeit, die Menschen zum permanenten Kommunizieren motiviert.

Bauer stellt lapidar fest: „Das meiste, was wir im Alltag tun, ist direkt oder indirekt dadurch motiviert, dass wir wichtige Beziehungen zu andren Menschen gewinnen oder erhalten wollen."[18] Faszinierend ist in diesem Zusammenhang der Begriff der „Resonanz", den Hartmut Rosa in seinem gleichnamigen Buch[19] mit wissenschaftlicher Gründlichkeit als ein Grundbedürfnis des Menschen entfaltet. Der Mensch, so Rosa, bedarf der Reaktion, ja: der Antwort des Mitmenschen, um sich wahrgenommen und wertvoll zu fühlen. Natürlich können uns auch ein Tier, eine Pflanze oder lebendige Materialien aller Art faszinierende Resonanzerfahrungen schenken. Doch schon die ältere der beiden Schöpfungsgeschichten macht deutlich, dass der Mensch den Mitmenschen nicht entbehren kann: Adam ist erst zufrieden, als Gott ihm eine „Gefährtin macht, die um ihn sei"[20].

Rosa unterscheidet zwischen „Resonanzerfahrungen" und kontinuierlichen „Resonanzachsen". Resonanzerfahrungen sind

18 Bauer, a. a. O., S. 39.
19 Rosa, Suhrkamp, Berlin 2016.
20 1. Mose 2,18.

punktuelle Begegnungen, bei denen irgendeine Art von individueller Reaktion stattfindet.

An einer bestimmten Tankstelle in Tübingen gibt es einen Kassierer, der immer, wenn er meine Zahlungskarte geprüft hat, mich freundlich-ironisch mit „Frau Doktor" verabschiedet. Mit einem anderen unterhalte ich mich immer wieder über sein indianisches Aussehen, obwohl er aus Tirol stammt. Und auf der Post gibt es einen Schalterbeamten, dem ich einmal sagte, dass ich mich gern von ihm bedienen lasse. Seither herrscht Freude bei uns beiden, wenn wir zufällig am Schalter aufeinandertreffen. Einen Verkäufer gleich daneben im Bioladen sprach ich einmal darauf an, dass ich ihn im Freibad gesehen hätte. Seither ist dies den Sommer über immer wieder unser Thema.

In all diesen Fällen entsteht eine persönliche Begegnung, weil wir uns gegenseitig für einige Minuten öffnen und mehr miteinander teilen und austauschen als das, was uns aus sachlichem Anlass zusammenführt. Dieses „Mehr" ist eine positive Resonanzerfahrung. Je häufiger ich sie mit den gleichen Personen mache, desto wahrscheinlicher ist es, dass aus der Resonanzerfahrung eine „Resonanzachse" in meinem Leben wird, die den fremden Raum außerhalb meines Hauses mit vertraut gewordenen Menschen beseelt. Sofern es um Personen geht, kann man Resonanzachsen deshalb auch als Wertschätzungsachsen bezeichnen. Um sie zu entwickeln, müssen wir immer wieder die Erfahrung machen, von einem ganz bestimmten Gegenüber, so Rosa, berührt zu werden. Doch wie uns ein Mensch körperlich nur berühren kann, wenn wir Nähe zulassen, so setzt auch seelische Berührung voraus, dass man sich dem Gegenüber öffnet, sprich: „aufgeschlossen" und empfangsbereit ist.[21]

---

21 Interessanterweise kann auch nur *körperliche Berührung* – keine Mobilnachricht, auch kein Telefongespräch – bewirken, dass das Bindungshormon Oxytocin ausgeschüttet wird, das als extrem gesundheitsfördernd eingestuft werden kann. Vgl. Bauer, a. a. O., S. 50ff.

Dabei gilt in der Regel: Je mehr Wertschätzung wir von einer Person erfahren, desto mehr „Resonanzbereitschaft" und „Resonanzsensibilität" entwickeln wir ihr gegenüber. Und umgekehrt gilt ebenso: Je mehr und je häufiger wir „positive Energie" an eine Person senden, desto eher wächst auch bei ihr die Bereitschaft, sich zu öffnen, Vertrauen zu wagen und ebenfalls mit positiver Energie zu reagieren. Rosa weist allerdings mit wissenschaftlicher Sachlichkeit anhand vielfältiger Belege aus den unterschiedlichsten Lebensbereichen darauf hin, dass es vielen Menschen heute Schwierigkeiten bereitet, stabile Resonanzachsen in ihrem Leben zu etablieren. Die Gründe haben allesamt mit dem Thema der Wertschätzung zu tun. Ich werde im Kapitel VI. darauf zurückkommen.

2.3   Was meine ich mit Wertschätzung?

Wir erinnern uns: Einschätzung bedeutet in Bezug auf den Wert eines Objekts, Subjekts, Vorgangs oder Sachverhalts: diesen Wert so zu veranschlagen, wie er von einer möglichst großen Anzahl von Mitgliedern der eigenen Bezugsgruppe oder Kultur ebenfalls taxiert werden würde. Wer bei seinen Einschätzungen dabei zu sehr von der allgemeinen Meinung oder gängigen Standards abweicht, muss häufig erleben, dass ihm sein soziales Umfeld nicht folgt.

So kann man auf Flohmärkten immer wieder erleben, dass Anbieter für ihre Waren nur deshalb keine Käufer finden, weil sie unrealistisch hohe Preise verlangen und zu wenig flexibel und verhandlungsbereit sind, wenn potenzielle Käufer einen niedrigeren Preis vorschlagen. Natürlich gibt es unter diesen Anbietern auch Männer und Frauen, die der Einschätzung eines Kaufinteressenten ihre ganz persönliche Einschätzung eines Objekts entrüstet entgegensetzen – gelegentlich sicher zu Recht, wie mir auch schon widerfuhr, weil es mir vermutlich an notwendigem Sachverstand fehlte. Andere hingegen machen kein

Hehl daraus, dass sie mit dem von ihnen angebotenen Gegenstand eine subjektive Wertschätzung verbinden, die es ihnen verbietet, diesen Gegenstand zu einem, wie sie meinen, „Schleuderpreis" herzugeben: „Also dann behalte ich's lieber, bevor ich es für so wenig Geld verkaufe!" Allerdings kann es ihnen dann passieren, dass sie am Ende des Tages ihr „wertvolles Stück" immer noch besitzen, weil der hohe Preis für Fremde nicht akzeptabel ist.

Einschätzung ist ein Akt des *Erkennens*, Wertschätzung ein Akt des *Anerkennens*, so meine Definition. Der Unterschied besteht in der Vorsilbe „An-", die deutlich macht, dass dem Akt des Erkennens etwas hinzugefügt wird. „An-" steht verkürzt für: „an etwas hin". Dieses „Hinzugefügte", das dem Eingeschätzten nicht per se „anhaftet" oder innewohnt, ist ein Wert, den wir nicht von vornherein vorfinden. Stattdessen ist es ein Wert, den wir in unserem Denken oder Fühlen erst erschaffen, man könnte auch sagen, er-finden.

Im konkreten Fall bedeutet dies: Wir können etwas bezüglich seines Marktwerts einschätzen, ohne es persönlich wertzuschätzen. Wird uns ein teurer Markenartikel geschenkt, der uns nicht gefällt, so sind wir dank Internet leicht in der Lage herauszufinden, welchen Preis wir im Fall eines Verkaufs dafür verlangen können. Umgekehrt haben wir aber auch die Möglichkeit, etwas wertzuschätzen, ohne es jemals einzuschätzen – weil es uns gefällt, wir uns hingezogen fühlen, wir Erinnerungen damit verbinden oder weil wir es spontan für uns als „wertvoll" ansehen. Wir haben also nicht nur die Möglichkeit, sondern auch die Freiheit, jederzeit zu konstatieren: „Ich weiß zwar nicht, wie viel dieses Objekt tatsächlich wert ist, doch für mich ist es wertvoll!"

Ich hatte eine von mir sehr verehrte Großtante, deren altes und verwinkeltes Haus samt ungewöhnlicher Einrichtung für mich immer eine geheimnisvolle und vornehme Atmosphäre hatte. In ihrem Wohnzimmer hing ein großes Gemälde an der Wand mit einer Postkutsche, die gerade in eine Stadt einfährt. Oft saß ich bei ihr, lauschte ihren spannenden Erzählungen und bewunderte das Bild. Nach ihrem Tod bat ich den Nachlassverwalter, es mir zu überlassen. Ich habe keine Ahnung, ob dieses Gemälde antiquarisch wertvoll ist, doch für mich bewahrt es die Erinnerung an meine Großtante auf sowie an die ungewöhnliche Wertschätzung, die sie mir und ich ihr entgegenbrachte.

Man könnte sagen: Wertschätzung ist die „Aufladung" eines Objektes oder Lebewesens mit positiver psychischer Energie. Die schöpferische Kraft des Wertschätzens bringt ihren Gegenstand – oder ihr Gegenüber – symbolisch gesprochen, zum Leuchten. Was damit gemeint sein kann, macht der vielleicht berühmteste Fuchs der modernen Literatur deutlich. Es ist jener Fuchs, der dem „Kleinen Prinzen" im gleichnamigen Märchen von Antoine de Saint-Exupéry wichtige Lehren erteilt.

Die Vorgeschichte: Der auf die Erde gekommene kleine Prinz hatte eine Rose gefunden. Diese Blume „hatte ihm erzählt, dass sie auf der ganzen Welt einzig in ihrer Art sei". Nun aber stand er völlig überrascht vor einem blühenden Rosengarten: „Und siehe! Da waren fünftausend davon, alle gleich, in einem einzigen Garten!" Der kleine Prinz sah seine Rose als völlig entwertet an: „Ich glaubte, ich sei reich durch die einzigartige Blume, und ich besitze nur eine gewöhnliche Rose ...' Und er warf sich ins Gras und weinte. – In diesem Augenblick erschien der Fuchs." Dieses kluge Tier brachte ihm bei, was es heißt, sich etwas oder jemanden vertraut zu machen. Was er von dem Fuchs lernte, veränderte die Einstellung des kleinen Prinzen von Grund auf.

Als er die Rosen wieder besuchte, sagte er zu ihnen: „Ihr seid schön, aber ihr seid leer ... Gewiss, ein Irgendwer, der vorübergeht, könnte glauben, meine Rose ähnle euch. Aber in sich selbst ist sie wichtiger als ihr alle, da sie es ist, die ich begossen habe. Da sie es ist, die ich unter den Glassturz gestellt habe. Da sie es ist, die ich mit dem Wandschirm geschützt habe. Da sie es ist, deren Raupen ich getötet habe ... Da sie es ist, die ich klagen oder sich rühmen gehört habe oder auch manchmal schweigen. Da es meine Rose ist."[22]

Der kleine Prinz hatte verstanden: Die Zeit und Energie, die er in seine Rose investiert hatte, waren wie eine „Aufladung" dieser Blume mit positiver Energie gewesen.

Die *Wertschätzung*, die der Prinz seiner Rose entgegenbrachte, war im Grunde eine *Wertschöpfung*. Erst durch sein Engagement trat sie aus der Anonymität heraus, erst durch seine Zuwendung und Anstrengung wurde aus der Massenblume eine für ihn einzigartige, unverwechselbare Rose. Der Fuchs hatte ihm klargemacht: „Diese Wertschöpfung ist *deine* Arbeit, niemand nimmt sie dir ab! Aber diese Arbeit lohnt sich!"

2.4 „Bei mir bist du schön" – Wertschätzung als Wertschöpfung

Der Ohrwurm erklang vor über achtzig Jahren erstmals in den Vereinigten Staaten. „Bei mir bistu schejn" lautete das jiddische Lied, das im (vorwiegend von jüdischen Einwanderern bewohnten) Stadtteil Brooklyn in New York in einem Musical gesungen wurde[23]. Seither kamen unzählige Neuinterpretationen auf den Markt. Ich kann nicht sagen, wann ich das Lied zum ersten Mal hörte, geschweige denn könnte ich den Sänger oder die Sängerin nennen. Es ist schon viele Jahre her. Doch den Refrain habe ich nie mehr vergessen. Warum wohl? Es mag die eingängige, so leicht und doch eindringlich klingende Melodie sein, kombiniert mit dem fremdartigen Klang der jiddischen Sprache, die mir bis heute gefällt. Es mag die zärtliche

22 Der Kleine Prinz, Düsseldorf 1974, S. 62–64 und S. 70–72.
23 „Bei mir bistu shein", in hebräischer Schrift בײַ מיר ביסטו שיין.
Text: Sholom Secunda, Melodie: Jacob Jacobs, New York 1932.

Ironie sein, die im Text mitschwingt und dem jüdischen Humor so oft zu eigen ist. Vielleicht sind es aber auch nur jene fünf Worte, die mich bis heute berühren: „Bei mir bist du schön." Nicht: „Du bist schön!", sondern: „Ich sehe dich so! In meinen Augen bist du schön!"

Was ist der Unterschied? Die Feststellung „Du bist schön" hat den Charakter eines objektiven Urteils mit dem Hintergrund: „So wie ich sehen es (fast) alle anderen Menschen auch." Dagegen macht die Einschränkung *Bei mir* bist du schön" deutlich, dass keineswegs jeder Mann oder jede Frau dieser Ansicht sein muss.

Es handelt sich also nicht um eine möglichst allgemeingültige Einschätzung, sondern um eine ganz und gar individuelle Sichtweise. Heißt das, dass die als „schön" bezeichnete Person einfach Glück hatte? Das Glück, jemanden gefunden zu haben, dessen Vorstellung von Schönheit er oder sie zufällig entsprach? Das wäre *eine* Möglichkeit.

Die andere Möglichkeit der Interpretation hat nichts mit Einschätzung, sondern mit Wertschätzung zu tun: „Da ich dich mit den Augen der Bewunderung, der Zärtlichkeit, der Einfühlung oder auch der Erinnerung betrachte, sehe ich eine Schönheit, die sich dem ‚objektiven Betrachter' verschließt." Der liebende oder wertschätzende Mensch sieht – man denke an den Fuchs und den kleinen Prinzen! – sozusagen „mit dem Herzen". Das bedeutet: Er gibt dem, was er anschaut, eine Tiefendimension, die der emotional unbeteiligte bzw. neutrale Betrachter nicht kennt. Deutlich wird dies in einem Zitat des Schriftstellers Robert Musil, der einmal schrieb: „Etwas schön finden, heißt ja wahrscheinlich vor allem: es finden!" Anders gesagt: Wer nur die Oberfläche der Dinge oder Lebewesen abtastet, sie sozusagen „mustert", kann Schönheit auch nur dort erkennen, wo sie ihm sofort ins Auge springt.

Tatsächlich haben wir Menschen einen angeborenen Sinn dafür, was wir als ein schönes Gesicht empfinden – Symmetrie und Regelmäßigkeit sind extrem wichtig, bestimmte Proportionen und

Abstände spielen eine Rolle und nicht zuletzt Jugendlichkeit, symbolisiert durch glatte Haut. Schon Kinder haben, so hat sich gezeigt, diese Präferenz und bevorzugen „schöne" Kinder als Spielkameraden. Später kommen kulturelle Prägungen dazu, die unsere Vorstellungen von Attraktivität und Schönheit stark beeinflussen.

Dank der Kraft seines kreativen Denkens und Fühlens hat der Mensch jedoch die Macht, jede Oberfläche, die er wahrnimmt, wie ein Gefäß mit Inhalt zu füllen und sein Urteil bzw. seine Einschätzung daran zu orientieren. Man könnte auch sagen: „Wie du etwas empfindest, wie du es beurteilst und ob du es mit positiver oder negativer Energie auflädst, ist deine, allein deine Entscheidung. Niemand kann dir verbieten, etwas wertvoll zu finden."

Im Reich der Wertschätzung gibt es demnach weder „richtig" noch „falsch". Wohl aber gibt es eine Grenze dessen, was wertschätzbar ist: Nichts ist wertvoll, was ohne Not oder Notwendigkeit Leben behindert, beschädigt oder zerstört. Wobei mir bewusst ist, dass man bei vielen Themen völlig unterschiedlicher Auffassung sein kann bezüglich der Frage, wann tatsächlich eine bzw. keine Notwendigkeit vorliegt.

Unser langjähriger Nachbar ging mit seinem alten Hund spazieren und der Hund bellte mich an. „Kennt er mich denn nicht mehr?", fragte ich verwundert. Sein Herrchen antwortete: „Wohl nicht, denn er leidet an einer Form von Demenz." Wir unterhielten uns eine Weile darüber, dass auch Tiere dement werden können (was ich nicht wusste), und schließlich fragte ich vorsichtig: „Darf man in diesem Fall ein Tier eigentlich einschläfern?" Freundlich, aber auch etwas verlegen antwortete mein Nachbar: „Das dürfte man sicher, aber er ist ja so lange schon bei uns, er ist eine Art Familienmitglied!" Ich verstand, was er damit zum Ausdruck bringen wollte: Im Lauf der Jahre, in denen dieses Tier zum Haushalt dazugehörte, hatte es die Familie mit ihrer Zuneigung „positiv aufgeladen". Eine Bindung war entstanden. Es handelte sich nicht mehr nur um „irgendeinen Hund, den man sich mal angeschafft hatte, als die Kinder klein waren".

Die gewachsene Wertschätzung dieses Tieres ließ es nicht mehr zu, den Hund nun, da er dement und entsprechend schwerer zu halten war, aus dem Haushalt einfach wieder zu entfernen. Schließlich hatte er lange Jahre das Leben dieser Familie bereichert und er tat es in irgendeiner Form offenbar immer noch – das allein zählte für diese Familie. Andere Hundehalter würden eventuell anders entscheiden – doch ich konnte nachvollziehen, dass unsere Nachbarn so handelten.

2.5 Was uns zum Blühen bringt – die Wirkung der Wertschätzung

Welche Wirkung hat Wertschätzung auf Menschen? Nach allem, was man bisher erforscht hat, kann man sagen: Sie wirkt extrem motivierend. Zahlreiche Untersuchungen über Wertschätzung am Arbeitsplatz erbrachten fast identische Resultate: Wer sich sowohl „als Mensch" als auch in seiner Tätigkeit wertgeschätzt fühlt, bezieht daraus eine hohe Motivation, sich anzustrengen, sich einzubringen, „sein Bestes" zu geben. Die positive Energie, die der Wertschätzende in Worten und Gesten, in Verhalten und Reaktionen sendet, wird vom wertgeschätzten Empfänger nicht nur feinfühlig wahrgenommen, sondern auch aufgenommen und in Aktivität seinerseits umgesetzt.

Ich vergleiche dieses dynamische Geschehen gerne mit der Reaktion einer Pflanze auf Licht und Wärme. Beides ist Energie – und die Pflanze reagiert darauf mit der Entfaltung ihrer Blüten und mit allgemeinem Wachstum. Manche Blumen reagieren so sensibel auf die Sonne, dass sie bei zu wenig Sonneneinstrahlung sofort ihre Blüten schließen (zum Beispiel der Löwenzahn).

Doch auch das Aussehen der Pflanzen verändert sich. Durch das auf sie fallende Licht fangen ihre Blätter und Blüten an zu leuchten – das Licht prallt nicht an der Oberfläche ab, sondern durchdringt sie. Bei Laubbäumen verwandeln die Blätter (genauer gesagt: das Blattgrün, genannt Chlorophyll) das Sonnenlicht auf wunderbare Weise in zwei Stoffe, die lebenswichtig sind – in Sauerstoff, der wieder an die Atmosphäre abgegeben wird, und in Glucose, die der Baum für seine eigene Ernährung, sein eigenes Wachstum benötigt. Man nennt diesen Vorgang Photosynthese und etwas ähnlich Faszinierendes lässt sich auch bei den meisten Menschen beobachten: Wertschätzung wird von ihnen nicht nur wahrgenommen, sondern auch intensiv aufgenommen und in etwas für sie selbst und andere „Lebenshilfreiches" – eigentlich: Lebensnotwendiges – verwandelt. Nicht nur sie selbst profitieren von ihr, sondern auch die Umgebung.

Der wertgeschätzte Mensch ist motiviert und gleichzeitig gekräftigt. Seine durch die Wertschätzung aufgenommene Energie steigert die Belastbarkeit erheblich und beugt auf diese Weise körperlichen und psychischen Gesundheitsproblemen vor. Doch auch die Umgebung kommt in den Genuss dieser Wertschätzung, denn wer sich selbst wertvoll fühlt als Mensch und in dem, was er tut, geht auch mit anderen Menschen eher wertschätzend um (siehe dazu Kapitel 7.2).

Das Umgekehrte gilt jedoch ebenso: Wo Wertschätzung ausbleibt, werden Engagement und Einsatz reduziert. Die Menschen sind bewusst oder unbewusst enttäuscht, dass ihre Arbeit so wenig anerkannt wird, und diese Frustration lähmt sie in einem Maß, das bei vielen zu einer Form der „inneren Kündigung" führt. Besonders hoch ist der Motivationsschwund, wenn man das Gefühl hat, lediglich ein „Rädchen im Getriebe" zu sein. Ein Mitarbeiter, der sich zu wenig wertgeschätzt fühlt, funktioniert zwar, indem er „Dienst nach Vorschrift" macht, allerdings ist er einem Autofahrer vergleichbar, der mit angezogener Handbremse fährt: Viel zu viel

Energie fließt nicht in die eigentliche Aufgabe, sondern bleibt unnötig auf der Strecke.

Untersuchungen zeigen: Wenn Arbeitgeber und Vorgesetzte ihre Mitarbeiter zu sehr auf deren Funktion und Arbeitskraft reduzieren und zu wenig den Menschen dahinter wahrnehmen, so führt dies mittel- bis langfristig dazu, dass „die qualifiziertesten und damit wertschöpfendsten Mitarbeiter und Mitarbeiterinnen dorthin wechseln, wo ihre Arbeitskraft mehr Wertschätzung erfährt"[24].

In einer aktuellen Studie des Instituts der deutschen Wirtschaft (IW) wurde gefragt, wovon die Zufriedenheit der Arbeitnehmer mit ihrem Beschäftigungsverhältnis abhänge. An erster Stelle wurde „Wertschätzung und Anerkennung" genannt! Nach Auffassung der Arbeitnehmer zeigt sich diese Wertschätzung nicht nur in der Entlohnung sowie in etwaigen Aufstiegsmöglichkeiten, sondern auch in verbal geäußertem Lob.

Auch der zweite wichtige Faktor, von dem die persönliche Zufriedenheit abhängt, hat direkt mit Wertschätzung zu tun: „Ein gutes soziales Umfeld" am Arbeitsplatz trägt maßgeblich dazu bei, dass Menschen gerne zur Arbeit gehen. Das bedeutet nichts anderes, als dass man sich von den Teamkollegen und -kolleginnen sowie von Mitarbeitern und Vorgesetzten respektiert und akzeptiert (= wertgeschätzt) fühlt. Das Gegenteil davon sind alle Formen von Rivalität, Konkurrenz, Mobbing sowie eine einzelkämpferische „Jeder für sich"-Haltung bei der Arbeit. Sie bedeutet, dass man sich für die Probleme der Kollegen und Kolleginnen in keiner Weise verantwortlich fühlt, sodass gegenseitige Unterstützung und Solidarität auf der Strecke bleiben. Leider haben viele Arbeitnehmer aufgrund allzu hoher Arbeitsverdichtung und persönlicher Arbeitsbelastung keine Kraft mehr dafür.

....

24   Barbara Mettler v. Meibom, Wertschätzung, Kösel, München 2006, S. 44.

Es gibt klare Hinweise, dass die Zunahme an Überlastungs-krankheiten – Burnout und Depressionen, ebenso Sucht aller Art sowie psychosomatische Krankheiten – auch eine Folge mangelnder erfahrener Anerkennung und Wertschätzung sein kann, die Menschen am Arbeitsplatz erleben.

Ein anderes Bild für die Wirkung der Wertschätzung bringt das am Kapitelanfang zitierte kleine Gedicht „Wünschelrute" von Eichendorff zum Ausdruck: „Schläft ein Lied in allen Dingen, / Die da träumen fort und fort, / Und die Welt hebt an zu singen, / Triffst du nur das Zauberwort." Eichendorff deutet an, dass das richtige Wort – das „Zauberwort" – eine ungeheure Resonanz bewirken kann: Was vorher schwieg, beginnt zu „singen"!

Nach meinem Dafürhalten sind wir Menschen lebenslang auf das „Zauberwort" der Wertschätzung angewiesen, damit das, was als „Lied" in uns schlummert, zum Leben erweckt wird: unsere kreativen Fähigkeiten, unsere ganz persönliche Art und Weise, aus uns herauszugehen, unsere individuelle Liebesfähigkeit.

Nie werde ich jene Jugendfreizeit vergessen, in der als Höhepunkt ein sogenannter „Gala-Abend" geplant war. Zum ersten Mal dabei, erkundigte ich mich bei anderen Teilnehmern, wie solch ein Abend denn ablaufen würde. „Man zieht sich schön an, singt ein bisschen und es gibt ein festliches Essen", war die Antwort. Im Geist sah ich mich schon in einer recht steifen Gesellschaft einen ziemlich langweiligen Abend verbringen. Deshalb schlug ich vor: „Wie wäre es, wenn wir uns in kleine Gruppen aufteilen, und jede Gruppe bereitet irgendeinen kreativen Beitrag vor?" Der Vorschlag wurde angenommen, im Handumdrehen standen diverse Ideen im Raum und die Teilnehmer verteilten sich in verschiedene Übungsräume. Als man wieder zusammenkam und die Gruppen nacheinander ihre kreativen Beiträge präsentierten, kam ich – ebenso wie der alterfahrene Freizeitleiter – aus dem Staunen nicht mehr heraus: Mädchen und Jungen, die bisher kaum einen Ton von sich gegeben hatten, entpuppten sich als begabte Schauspieler, die wortgewandt und witzig ihre Rollen spielten. Andere Freizeitteilnehmer, von mir bis dahin aufgrund ihrer Unscheinbarkeit kaum wahrgenommen, legten künstlerische Talente an den Tag, die ich ihnen niemals zugetraut hätte! Es wurde ein höchst unterhaltsamer und äußerst lustiger Abend und der Freizeitleiter schenkte mir als Lohn für meine Anregung ein Bastkörbchen aus Südamerika, das ich heute noch in Ehren halte.

Was lehrt diese Erfahrung? Es ist unvorstellbar, welche Potenziale, Talente und Fähigkeiten in Menschen geweckt werden können, wenn man ihnen eine Chance gibt. Diese Chance sehe ich auch in der Wertschätzung, die den anderen nicht nur gefühlsneutral einschätzt, sondern ihm mit „positiver Energiezufuhr" begegnet.

3 Bedingte Wertschätzung

Der Unterschied zwischen einer Laune
und der „großen Liebe" ist der,
dass die Laune in der Regel etwas länger dauert.[25]

OSCAR WILDE (1854–1900)

3.1 Bedingte Wertschätzung hat Gründe

Eine „positive Aufladung", die ich als den Schlüsselprozess der bedingten Wertschätzung betrachte, kann auf vielerlei Weise geschehen – doch sie beruht in aller Regel auf bestimmten Bedingungen, weshalb ich sie im Folgenden „bedingte Wertschätzung" nenne. Die Frage ist: Aus welchen Motiven und unter welchen Bedingungen sind Menschen in der Lage oder bereit, etwas wertzuschätzen? Dafür gibt es eine Menge guter Gründe, einige wichtige seien genannt.

⇢ **Wir wertschätzen etwas, weil es mit anderen Werten verknüpft ist, die uns sehr wichtig sind.**

So geht es mir mit meiner Heimat, die ich sehr schätze. Es ist vor allem die Schwäbische Alb, wo ich in einem Tal geboren und aufgewachsen bin, aber auch das Albvorland und der Neckarraum um meinen heutigen Wohnort Tübingen herum gehören dazu. Meine Heimat, das sind für mich Orte, aber auch Landschaften, mit denen ich Wissen und Erfahrungen verknüpfe. In meiner engeren Heimat kenne ich mich aus, und zwar so gut, dass ich sowohl per Auto als auch per pedes weder Landkarte noch Navigationsgerät benötige. Straßen und Wege, Wälder und Felder sind mir vertraut.

---

25 „The only difference between a caprice and a lifelong passion is that the caprice lasts a little longer", aus: The Picture of Dorian Gray.

Viele Dörfer erkenne ich an ihren Kirchtürmen. In meiner Heimat sprechen die Menschen ähnlich wie ich – der schwäbische Dialekt verbindet uns, weist uns als Angehörige eines gemeinsamen kulturellen Sprachraums aus. Auch leben in meiner Heimat an vielen Orten Menschen, mit denen mich etwas verbindet; sie kennen und schätzen mich und ich sie. Das alles trägt zu meiner Identität bei, zu meinem Verwurzeltsein in der Region, in der ich lebe.

Ein kleines Erlebnis soll veranschaulichen, was ich meine: Mit meinem Mann wanderte ich vor einigen Jahren in der Nähe meiner Heimatstadt Blaubeuren auf der Albhochfläche. Fasziniert sah ich in der Ferne eine Kutsche mit wunderschön geschmückten, schwarzen Pferden in langsamem Tempo heranzockeln. Ich blieb stehen, um sie an mir vorbeitrotten zu lassen, da rief der Kutscher mir zu: „Beate, bisch du des? Au mol wieder auf dr Alb?"[26]

Sofort erkannte ich an Stimme und Gesicht, wer mich da ansprach – es war ein alter Bekannter aus Jugendzeiten, den ich sicher mehr als drei Jahrzehnte nicht mehr gesehen hatte! Dass man sich nach so langer Zeit nicht nur wiedererkennt, sondern auch freundlich grüßt – das war für mich ein Stück beglückendes Heimaterlebnis!

⸱⸱⸱⸲ Wir wertschätzen etwas, weil wir schöne oder wichtige Erinnerungen damit verknüpfen.

Wer besäße sie nicht – Kindheitsrelikte, Urlaubssouvenirs, Geschenke wertvoller Menschen oder auch nur Fotografien, die uns an schöne Orte, an für uns wichtige Menschen oder an bedeutende Erlebnisse erinnern. Es sind Erinnerungsanker, die viele Bilder und Gefühle mit einem Schlag wieder in uns wachrufen können.

Wenn ich unter diesem Gesichtspunkt die zahlreichen Objekte betrachte, die mein Mann und ich in den Zimmern unseres Hauses verteilt haben, so erzählt jedes davon eine Geschichte, ruft Erinne-

---

26 „Beate, bist du das? (Bist du) auch mal wieder auf der Alb?"

rungen wach. Ich sehe die vielen wunderschön gerundeten und gemusterten Steine, die wir aus dem Maggiatal im Tessin immer wieder mitschleppen, oder das „Kunstwerk" aus einem alten, im Wald gefundenen hölzernen Wagenrad vom Rand der Alb, das ich nach einer Wanderung fabrizierte. Die Jugendstilvase, die mir eine alte Freundin kurz vor ihrem Tod schenkte, dient mir als nützliches und schönes Behältnis meiner Stifte, und das Foto, das mein Vater mir zu meinem 50. Geburtstag von sich schenkte, ruft immer wieder die Erinnerung an vieles, was ich mit ihm verbinde, in mir wach. All diese Dinge sind vom Materialwert her relativ wertlos – doch für mich oder meinen Mann sind sie kostbar, denn sie haben Erinnerungswert.

⤳ Wir wertschätzen Dinge und Umstände, weil sie zu unserem Wohlbefinden beitragen.

Diese Form der Wertschätzung setzt häufig Bewusstmachung voraus, denn wir gewöhnen uns an Umstände und Situationen, aber auch an erworbene Güter aller Art erstaunlich schnell. Dies hat im Unglück große Vorteile, weil man sich auch an Schweres überraschend gut anpassen kann, und es hat im Glück große Nachteile, weil man Erfreuliches rasch als selbstverständlich hinnimmt. Wem es jedoch gelingt, sich an das Gute und Schöne „niemals ganz zu gewöhnen"[27], dem ist diese Fähigkeit eine unermüdlich sprudelnde Quelle des Genießens und der Dankbarkeit.

Überlege ich mir, wie vielen Gebrauchsgegenständen in meinem Besitz ich höchst angenehme Momente oder Stunden verdanke, so kommt eine stattliche Menge zusammen. Angefangen von der weichen Bettmatratze, in die ich abends entspannt sinke (was gibt

....

27 „Ich freue mich, dass ich mich an das Schöne / und an das Wunder niemals ganz gewöhne", aus dem Gedicht „Sozusagen grundlos vergnügt" von Mascha Kaléko.

es doch in Hotels für harte Betten!), über die zuverlässig blubbernde Kaffeemaschine am andern Morgen bis zum bequemen Balkonstuhl bei warmem Wetter oder zur guten Lampe, die Lesevergnügen an langen Winterabenden möglich macht. Auch Orte, an denen ich schöne Zeiten verbringe, sei es eine gemütliche Tübinger Weinstube oder das Freibad, in dem ich sommers meine Schwimmrunden drehe, schätze ich sehr. Nicht zu vergessen bestimmte Veranstaltungen, die mir Freude bereiten, egal, ob ich sie leite oder, wie beim „Offenen Singen", daran nur teilnehme.

⤳ Wir wertschätzen Aktivitäten, weil sie intensive Gefühle in uns wecken.

Sei es ein Hobby, dem wir uns mit Begeisterung hingeben, oder ein Garten, dessen Bewirtschaftung im Wandel der Jahreszeiten stets neue, befriedigende Gefühle in uns hervorruft, sei es eine Aufgabe, die uns positiv herausfordert, oder eine Freizeitaktivität, die uns immer wieder mit positiven Gefühlen beschenkt: Was uns spürbar guttut, wird von uns auch wertgeschätzt. Wobei ich oft staune, wofür sich Menschen begeistern können!

Wegen eines Gleisschadens im Rheintal wurden im Sommer 2017 viele Güterzüge über das Neckartal, in dem ich wohne, gen Süden umgeleitet. Auf meinem Weg nach Hause fuhr ich fast täglich an den Bahngleisen vorbei und zu meiner Verwunderung sah ich dort wartende Männer (selten Frauen) stehen, die mit großen Kameras ausgerüstet waren und gespannt Richtung Tübingen blickten. Offensichtlich war es ihre große Leidenschaft, Güterzüge mit interessantem landschaftlichem Hintergrund zu fotografieren, für die sie – den Autonummern nach zu urteilen – auch weite Fahrstrecken in Kauf nahmen!

→ **Wir wertschätzen etwas, weil es sehr selten auftritt oder stattfindet oder weil es nur in begrenztem Umfang zur Verfügung steht.**

„A rainbow, a rainbow!", riefen die Kinder eines jungen englischsprachigen Ehepaars euphorisch, als sie mitten in den Tessiner Bergen bei sanftem Sommerregen eines Regenbogens ansichtig wurden. Würde er bei jedem Regen auftreten, könnte er kaum noch solche Begeisterungsrufe auslösen.

Die meisten berufstätigen Menschen freuen sich auf ihren Urlaub, besonders, wenn er mit einer Reise verbunden ist. Die Ferien wiederholen sich zwar jedes Jahr, aber dank ihrer zeitlichen Begrenzung sind sie ein kostbares Gut, das es mit allen Sinnen auszukosten gilt.

Dass die Begrenztheit einer Sache in der Regel über ihren Wert – und Preis –mitentscheidet, gilt für die allermeisten materiellen Güter, man denke nur an Edelmetalle oder Diamanten. Sehr deutlich ist dieses Prinzip auch bei sogenannten Antiquitäten ausgeprägt, wo Liebhaber oder Sammler für einst preiswerte Alltagsgegenstände unter Umständen bereit sind, hohe Summen auszugeben – weil sie heute eben nur noch in Einzelexemplaren vorhanden sind.

→ **Wir wertschätzen etwas, weil es wichtige geistige oder emotionale Bedürfnisse befriedigt.**

Viele Menschen können sich ein Leben ohne Musik – Singen, Musizieren, Musik und Konzerte aller Art – nicht vorstellen. Ich selbst fände ein Leben ohne Bücher trostlos. Wenn ich lese, tauche ich in eine andere Welt ein, ja, „ich bin dann mal weg", ohne mein trautes Heim verlassen zu müssen. In Büchern lerne ich fremde Welten, fremde Zeiten, fremde Menschen und völlig andere Verhältnisse kennen. Meine „Neu-Gier" wird befriedigt, mein Wunsch nach Horizonterweiterung, nach Wissen, Erkenntnis, Unterhaltung und vielem mehr findet Erfüllung.

Fast flächendeckend erfreuen sich inzwischen auch Smartphones größter Wertschätzung, weil sie zahlreiche menschliche Bedürfnisse auf höchst bequeme Art und Weise befriedigen. Dies gilt für das Verlangen nach Kommunikation, verbunden mit dem Wunsch nach ständiger Erreichbarkeit (auch derer, die uns wichtig sind!). Auch das Bedürfnis nach Information und Unterhaltung konnte noch nie so mühelos befriedigt werden. Nicht zuletzt dienen Smartphones immer mehr auch praktischen Zwecken – Fotografieren, Filmen, Tonaufnahmen machen, Navigieren, sich an Abstimmungen beteiligen u. v. a.

⤳ **Wir wertschätzen etwas, weil wir denken, dass es *uns* wertvoller macht.**

Ob es eine bestimmte Kleider- oder Schuhmarke, ein bestimmter beruflicher Abschluss oder Titel oder ein bestimmter Verein ist, zu dem wir gehören – immer erklärt sich die Faszination eines Statussymbols auch daraus, dass es in den Augen vieler Mitmenschen unseren Wert, unser Ansehen oder unsere Anziehungskraft – und damit unseren Status – erhöht. Je mehr diese Statussymbole ausschließlich mit viel Geld oder „guten Beziehungen" zu erringen sind, desto mehr werden sie zu einem raren, hochangesehenen und entsprechend begehrten Gut.

Die heiß begehrten Eintrittskarten für die Elbphilharmonie in Hamburg oder die Wagnerfestspiele in Bayreuth scheinen für manche Interessenten eine Art kultureller „Ritterschlag" zu sein. Dort einmal dabei gewesen zu sein, hebt das Selbstwertgefühl ebenso wie Einladungen zu exklusiven Veranstaltungen oder die Zugehörigkeit zu „exklusiven" Clubs und Vereinen[28].

....

28 „Exklusiv" bedeutet wörtlich: „ausschließend", womit deutlich ist, dass die Zugehörigkeit einem kleinen Kreis vorbehalten ist, zu dem man nur durch bestimmte Leistungen oder Statuserweise Zugang bekommt.

3.2 Gründe für die bedingte Wertschätzung von Menschen

→ **Wir wertschätzen jemanden, weil er oder sie unseren Interessen dient.**

Dies gilt für alle Menschen, die in irgendeiner Weise unsere Bedürfnisse befriedigen und uns insofern hilfreich oder nützlich sind. Wir schätzen unseren Bäcker, weil er gutes Brot liefert, und unseren Flaschner, weil er zuverlässig Reparaturen in unserem Haushalt durchführt. Unsere Nachbarn schätzen wir, weil sie während unseres Urlaubs die Blumen versorgen, und unsere Hausärztin, weil sie uns in dringenden Fällen auch zuhause besucht oder rasch einen Termin gibt. Sind wir Vorgesetzte, so schätzen wir unsere Mitarbeiter, wenn sie ihre Arbeit zu unserer Zufriedenheit verrichten, und sind wir Teamkolleg*innen, so schätzen wir unsere Kolleg*innen, wenn sie uns in Notlagen nicht im Stich lassen und sich uns gegenüber loyal und fair verhalten.

Im Vordergrund dieser Wertschätzung stehen nicht die individuellen Personen, sondern ihre Leistung bzw. ihre Funktion, von welcher der Wertschätzende profitiert. Legitim und angemessen ist diese Form der Wertschätzung immer dann, wenn beide Seiten freiwillig oder stillschweigend übereinkommen, an der Person des Beziehungspartners nur ein auf seine Funktion beschränktes Interesse zu haben.

Vor allem Dienstleistungsvorgänge werden in vielen Fällen enorm vereinfacht, wenn die Beteiligten ihre Aufmerksamkeit und ihre Erwartungen auf einen kleinen Ausschnitt der Gesamtpersönlichkeit ihres Gegenübers beschränken.

Meine Friseurin muss meine Frisur nicht schön finden, aber sie sollte meine Haare gut schneiden. Merke ich, dass sie bedrückt aussieht, muss ich sie nicht teilnahmsvoll fragen, ob sie Probleme hat. Meine Krankengymnastin muss von meiner Figur nicht persönlich begeistert sein, aber sie sollte meine Verspannungen im Nacken wirksam lindern. Wird sie krank, muss ich ihr keinen Krankenbesuch abstatten. Mein Automechaniker muss die Automarke, die ich fahre, nicht persönlich favorisieren; es reicht mir vollkommen, wenn er den Reparaturauftrag erfüllt, den ich ihm erteile. Bin ich mit seiner Leistung nicht mehr zufrieden, darf ich ohne schlechtes Gewissen die Werkstatt wechseln. Die Liste ließe sich beliebig verlängern.

⇢ **Wir wertschätzen jemanden, weil wir *von ihm oder ihr* Wertschätzung und Anerkennung erfahren.**

Wer Wertschätzung erfährt, erwidert sie in aller Regel. So gesehen sind Menschen wie reflektierende Scheinwerfer – das Licht, das auf sie trifft, werfen sie zurück. Die Redewendung „Wie du mir, so ich dir" wird interessanterweise eher im Negativfall verwendet, beispielsweise als Rechtfertigung für Rache- und Vergeltungsaktionen. Doch diese – im Englischen „tit for tat" genannte – Regel gilt auch im positiven Sinn. Wer freundlich zu uns ist, dem begegnen wir ebenfalls mit Freundlichkeit, wer großzügig uns gegenüber ist, dem bereiten auch wir gerne eine Freude, und wer uns einen Gefallen tut, dem sind auch wir eher geneigt, eine Gefälligkeit zu erweisen.

Es ist interessant, was geschieht, wenn Menschen, die in ihrem Beruf auf die Wertschätzung der Kundschaft angewiesen sind, in Kleinigkeiten eine gewisse Großzügigkeit an den Tag legen: Sie verstärken die Bindung des Kunden an ihre Person – oder ihr Geschäft. Mir fällt in einem Café durch eine unbedachte Bewegung meine volle Tasse um und die Bedienung spendiert mir kostenlos einen „Ersatzkaffee". Natürlich werde ich dieses Lokal bald wieder ansteuern! In einem Kleiderladen freue ich mich immer, von einer besonders kompetenten Verkäuferin bedient zu werden. Wann immer möglich, kaufe ich natürlich dort ein. Mein Werkstattbesitzer überprüft eine Funktion meines Autos und verlangt dafür kein Geld. Selbstverständlich stärkt dies meine Bindung an seine Firma und ich wähle sein Unternehmen mit Begeisterung zur „Werkstatt meines Vertrauens".

Natürlich gibt es auch Ausnahmen von dieser sogenannten „Reziprozitätsregel":

⇢ Es kann passieren, dass jemand die Wertschätzung, die er empfängt, einfach nicht wahrnimmt, weil sie zu schüchtern oder zu wenig klar kommuniziert wird.

⇢ Ebenso ist es möglich, dass die ausgesandte Wertschätzung beim Gegenüber auf Geringschätzung oder Desinteresse prallt. Dies ist immer dann der Fall, wenn die wertgeschätzte Person keinen Grund sieht, ihrerseits mit Wertschätzung zu reagieren. Die von uns gesendete positive Energie geht sozusagen ins Leere.

⇢ Nicht zuletzt kann erwiesene Wertschätzung beim Gegenüber auf Abwehr und Ablehnung stoßen – ein Thema, aus dem unzählige Romane, Filme und Lieder gemacht sind, birgt es doch Stoff für dramatische Missverständnisse, heftigen Herzschmerz und bitterste Enttäuschungen.

Doch abgesehen von diesen Fällen gilt: Wer ehrlich gemeinte Wertschätzung kommuniziert – verbal oder nonverbal –, befährt keine Einbahnstraße, sondern setzt in der Regel einen positiven Kreislauf in Gang. Natürlich gilt auch das Umgekehrte: Wer Wertschätzung verweigert, dem wird sie ebenfalls verweigert. Diese Form der Wertschätzung hat also eine klare Bedingung: Sie ist abhängig von der positiven Erfahrung, vom anderen ebenfalls wertgeschätzt zu werden.

3.3   Das Problem der bedingten Wertschätzung

Von Jesus von Nazareth sind die Worte überliefert: *„Wenn ihr nur die liebt, die euch lieben: welchen Dank erwartet ihr da (von Gott)? Das tun die Heiden auch! Wenn ihr nur denen Gutes tut, die euch Gutes tun: welchen Dank erwartet ihr (von Gott)? Das tun die Sünder auch!"* (Lukas 6,32–33). Mit diesen Fragen betont Jesus: Die Form der „reagierenden" Wertschätzung ist völlig natürlich, sie findet sich bei jedem Menschen. Sie kostet weder seelische noch geistige Energie, denn man gibt lediglich zurück, was man zuvor empfangen hat.

Bedingte Wertschätzung setzt auch keine Bindung an Gott und seine Gebote voraus, deshalb Jesu ironischer Hinweis, dass auch „Heiden" und „Sünder" zu diesem positiven Tauschgeschäft in der Lage sind. Es handelt sich um eine Form der Wertschätzung, die nicht schwerfällt – zumindest nicht, solange die Bedingung erfüllt ist, dass der andere uns auch wertschätzen möge.

Jesus spielt mit seinen provozierenden Fragen darauf an, dass eine andere Form der Wertschätzung möglich und vonnöten ist. Offensichtlich hält er die bedingte Wertschätzung für nicht ausreichend. Weshalb? Nach meinem Dafürhalten aus zwei Gründen:

- Bei bedingter Wertschätzung – „Wir wertschätzen jene, die uns wertschätzen" – ist die Labilität, ja die Brüchigkeit einer Beziehung vorprogrammiert. Wird die Bedingung nicht mehr erfüllt, zerbricht die positive Beziehung oder kehrt sich ins Gegenteil. Aus Wertschätzung wird Geringschätzung, aus Liebe wird Gleichgültigkeit, im schlimmsten Fall sogar Hass. Und aus Anerkennung und Respekt werden Missachtung oder gar Verachtung.
- Wer nur reagiert, kann nicht agieren. Das bedeutet: Der Reagierende ist in seinem Handeln vollkommen abhängig vom Verhalten seines Gegenübers. Ein Ausbrechen aus dem „Wie du mir, so ich dir"-Kreislauf ist nicht möglich. Es sei denn, man entschließt sich bewusst, Gleiches *nicht* mit Gleichem zu vergelten.

Sehr eindrucksvoll lässt sich die Brüchigkeit der bedingten Wertschätzung bei Liebesbeziehungen verfolgen, die einmal mit großer Leidenschaft und Verliebtheit begannen. Das Thema ist Gegenstand unzähliger Dramen und Tragödien in Opern, Liedern, Filmen und Romanen. Der Ablauf ist meist ähnlich und lässt sich folgendermaßen skizzieren:

1. Phase: Im Zustand der Verliebtheit überschütten sich zwei Menschen gegenseitig mit Signalen überschwänglicher Wertschätzung. Man kommuniziert in Superlativen mit- und übereinander. Das verraten die Begriffe, die in diesem Stadium verwendet werden: Jemand wird „angehimmelt" oder „vergöttert", die Auserwählte wird als die „Angebetete" bezeichnet, der Verliebte wird „Verehrer" genannt. „I adore you" – „ich bete dich an", sagt man im Englischen, wenn man total verliebt ist. Typisch für diese Phase ist eine maßlose Überhöhung des Gegenübers. Auch die Redewendung „verrückt nach jemandem sein" weist auf den damit verbundenen Realitätsverlust hin, der meist einen vorübergehenden Totalverlust an Einschätzungskompetenz nach sich zieht. Beruht die Idealisierung auf Gegenseitigkeit, wird aus den zwei Verliebten ein Liebespaar, das für einige Zeit in einen Rausch der gegenseitigen Anerkennung versinkt. „Aber besoffen bin ich von dir...", lautet der zweite Satz eines Vierzeilers, der vermutlich in diesem Beziehungsstadium geschrieben wurde.[29]

2. Phase: Jeder Rausch hat einmal ein Ende – und die Ernüchterung folgt. Man entdeckt am anderen leichte Lackschäden und Defizite. Man erlebt erste kleine Stiche und Enttäuschungen. Das makellose Bild bekommt Risse, in die das helle Licht einfallen kann, wie

29   Robert Wohlleben, „Abends", in: „Aber besoffen bin ich von dir ..."
     Hamburg 1979, S. 5.

Leonard Cohen melancholisch singt.[30] Es ist jenes Licht, das den Dämmerzustand der Verklärung beendet und auch die Schattenseiten des geliebten Menschen an- und ausleuchtet. Die Überschätzung des Gegenübers kann nicht länger aufrechterhalten werden. Vom sogenannten siebten Himmel nähert man sich langsam, aber sicher dem nicht ganz so weichen Boden der Wirklichkeit. Dieser „Sinkflug" geht mit einer – meist nicht bewussten – spürbaren Absenkung der anfänglichen Wertschätzungsdosis einher.

3. Phase: Die Quelle der überschwänglichen Anerkennung sprudelt deutlich schwächer oder seltener. Zunehmend mehr kritische Rückmeldungen werden ausgetauscht. Erste Dispute und Diskussionen, auf die beide Seiten nicht vorbereitet sind, wirken wie kalte Duschen. Reduziert eine Seite ihre verbalen und nonverbalen Streicheleinheiten, so fährt auch das Gegenüber seine „Vitamin A+B-Zufuhr" herunter, wobei „A" für „Anerkennung" und „B" für „Bestätigung" steht. Der eigentlich natürliche Ernüchterungsprozess könnte von beiden gelassen akzeptiert werden, was der Anfang einer reifen Beziehung wäre. Ebenso leicht kann es jedoch passieren, dass einer der Beteiligten zu leiden beginnt. „Ich bekomme von dir nicht mehr das, was ich brauche", signalisiert er oder sie und gemeint ist: „Du befriedigst mein Bedürfnis nach Anerkennung nicht mehr in dem Maß, wie ich es gewohnt bin und gerne hätte!"

4. Phase: Falls dieses Problem von den beiden Beteiligten nicht (gemeinsam) bearbeitet wird, naht über kurz oder lang das Ende der einst so euphorischen und optimistischen Liebesbeziehung. Die Auseinandersetzungen mehren sich, das Gefühl, vom anderen zu wenig wertgeschätzt und zu viel infrage gestellt zu werden, verstärkt sich immer mehr. Statt Anerkennung und Bestätigung gewinnen

---

30   „There is a crack in everything, / That's how the light gets in …", aus: „Anthem".

zunehmend Kritik und Unzufriedenheit die Oberhand. Das Leiden wächst. Meist geht die Initiative zur Trennung von demjenigen aus, der den durch den Mangel an Wertschätzung entstandenen Leidensdruck nicht mehr aushält.

5. Phase: Während der Trennung werden nicht selten jede Menge Anklagen und Vorwürfe zwischen den einst so Verliebten ausgetauscht. Jeder sieht sich als Opfer der Missachtung und Geringschätzung des anderen und versucht, das eigene seelische Gleichgewicht dadurch aufrechtzuerhalten, dass er Kränkungen mit Kränkungen beantwortet, um sein Selbstwertgefühl zu schützen. Der Grad der gegenseitigen Verletzungen führt zu Rachsucht und tiefem Groll, den beide Parteien oft noch jahrelang mit sich herumschleppen, an dem sie sogar erkranken können.[31]

Dank der Medien werden wir unablässig mit Trennungs- und Scheidungsdramen prominenter Paare versorgt. Sie liefern nicht selten die Bestätigung dafür, dass die bedingte Wertschätzung mitunter eine recht kurze Halbwertszeit hat. Hoch auflodernde Flammen geben nicht automatisch eine Glut, die lange anhält – es kommt immer auf das Material an, das verwendet wird, wie der Ausdruck „Strohfeuer" unmissverständlich deutlich macht.

Wer erinnert sich nicht an den Film „Der Rosenkrieg" mit Michael Douglas und Kathleen Turner? Zu Anfang beeindruckt die große Verliebtheit, dann die Leidenschaft der Beziehung, die jedoch irgendwann in Enttäuschung und Wut umschlägt. Im letzten Drittel des Films dominiert einzig und allein der Wunsch der beiden Kontrahenten, sich gegenseitig möglichst wenig zu gönnen, mehr noch: einander möglichst viel Schaden zuzufügen – koste es, was es wolle. Der spektakulär inszenierte gemeinsame tragische Tod der beiden,

....

31 Vgl. mein Buch „Das verzeih ich dir (nie)!" – Kränkungen überwinden,
    Beziehungen erneuern, SCM R. Brockhaus Verlag, Witten.

die sich an einen Kronleuchter ihres Hauses klammern und mit diesem krachend in die Tiefe stürzen, führt auf drastische Weise vor Augen, wie aus Begeisterung und Faszination in relativ kurzer Zeit destruktiver Hass werden kann, der beide Parteien buchstäblich „am Boden zerstört".

3.4 „Ich war einmal Feuer und Flamme für dich" – kurze und ironische Anleitung zur Beendigung von Freund- und Partnerschaften aller Art

Es beginnt damit, dass ein Partner gegenüber dem anderen – ob bewusst oder unbewusst, spielt keine Rolle – den Ausdruck von Wertschätzung reduziert. Die entsprechende Reaktion des Gegenübers darf nicht als Racheaktion missverstanden werden. Im Gegenteil: Der Partner fühlt sich infrage gestellt, leidet und sorgt erst einmal für sich selbst. Der leitende Impuls seines Verhaltens lautet: „Wenn ich den anderen in seiner Bedeutung für mich abwerte, hat auch das, was er mir gegenüber signalisiert, weniger Gewicht." Damit beginnt ein destruktiver Kreislauf. Der amerikanische Wissenschaftler John Gottman (geb. 1942) widmete sich jahrzehntelang der Frage, ob sich die Stabilität einer bestehenden Partnerschaft anhand des Kommunikationsstils eines Paares voraussagen lässt. Er kam zu dem Ergebnis, dass jeder Trennung eine Stufenabfolge von gegenseitigem Wertschätzungsentzug vorausgeht, die er die „Vier apokalyptischen Reiter" nennt. Die Vorhersagbarkeit dieses Ablaufs, einmal in Gang gekommen, zeigt vor allem eines mit erschreckender Eindringlichkeit: wie wenig bewusst reflektiert die Reaktionen der Beziehungspartner sind.

Sollten Sie also aus irgendeinem Grund den Wunsch haben, eine Beziehung, die ursprünglich von gegenseitiger Wertschätzung getragen war, möglichst rasch zu beenden, so empfiehlt sich folgende Vorgehensweise:

- Beginnen Sie, Ihrem Partner aktiv – durch Vorwürfe, Kritik, Infragestellung, Anklagen, Unterstellungen etc. – oder passiv – durch Schweigen, Nichtbeachtung, Nichtreagieren, Desinteresse, Verzicht auf geäußertes Lob aller Art – gezielt Wertschätzung zu entziehen.
- Warten Sie ab, bis der Partner den Entzug bemerkt. Er wird entweder aggressiv – mit Vorwürfen, Kritik, Klagen, Änderungswünschen, Drohungen etc. – oder depressiv – mit Trauer, Selbstinfragestellung, schweigendem Rückzug etc. – reagieren.
- Gehen Sie weder auf seine aggressiven noch auf seine depressiven Signale in einer Weise ein, in der sich Ihr Partner ernst genommen fühlt. Verstärken Sie stattdessen Ihr eigenes Abwertungsprogramm, indem Sie Ihren Partner zusätzlich mit deutlichen Zeichen von Verachtung zu „strafen" beginnen und sich jeder Diskussion verweigern. Kommunizieren Sie Ihren Überdruss auch über Ihre Körpersprache in Form von körperlichem Rückzug, Verweigerung von Intimität und Zärtlichkeit sowie Gesten der Missachtung etc.
- Warten Sie ab, bis Ihr Partner die Situation nicht mehr aushält. Lassen Sie sodann entweder zu, dass Sie verlassen werden, was den Vorteil hat, dass Sie sich als unschuldiges Opfer präsentieren können. Oder verlassen Sie rechtzeitig Ihren Partner, was Ihnen den Triumph ermöglicht, sich als Herr der Lage zu fühlen. Führen Sie als Begründung ins Feld, dass die Beziehung zerrüttet sei; damit ersparen Sie sich jede Form der Selbstreflexion und des Gesprächs.
- Ein letzter Tipp: Besonders leicht fällt der Absprung, wenn ein anderer potenzieller Partner schon bereitsteht, der Sie aufs Neue mit Anerkennung und Wertschätzung überschüttet und tiefstes Verständnis für Ihr Leiden sowie Ihre Flucht aus der bestehenden Beziehung bekundet. Dies erleichtert zum einen den Übergang und hilft zum anderen, Schuldgefühle wirksam von sich wegzuschieben.

Die Frage ist müßig, ob uns dieses Drama bekannt vorkommt – wer kennt sie nicht, die Paare, bei denen es so oder ähnlich von der Heirat bis zur Scheidung, vom Zusammenziehen bis zur Trennung ablief? Viel spannender ist die Überlegung: Wie kann einer solchen Entwicklung wirkungsvoll gegengesteuert werden? Anders gefragt: Gibt es eine Alternative zur bedingten Wertschätzung, die solche Prozesse – nicht nur in Partnerschaften, sondern auch in vielen anderen Beziehungsformen – in Gang setzt? Und weshalb sollte sie gesucht werden? Darum wird es ab Kapitel 6 gehen.

Vorteile der bedingten Wertschätzung

⇢ Sie kann bei Verträgen oder Bündnissen aller Art ohne weitere Umstände beendet werden, sofern die vereinbarten Bedingungen nicht mehr eingehalten werden.

⇢ Sie reduziert die Beteiligten auf bestimmte Funktionen, die man ihnen zuteilt, und vereinfacht damit die Beziehung.

⇢ Sie erfordert wenig geistige Anstrengung, da sie vor allem re-agiert.

⇢ Sie verheißt Gewinn ohne allzu großes Risiko (bei „Nichtgefallen" Rückgabe oder Rückzug möglich).

⇢ Sie verlangt keine Arbeit an sich selbst, da keinerlei Selbstreflexion notwendig ist.

Nachteile der bedingten Wertschätzung

⇢ Sie stellt Beziehungen auf ein instabiles Fundament.

⇢ Sie reduziert Menschen möglicherweise zu sehr auf eine bestimmte Funktion, anstatt sie „als Menschen" wahrzunehmen.

⇢ Sie birgt hohes Konfliktpotenzial, falls Bedingungen nicht in der Form erfüllt werden, wie es einer der Beteiligten erwartet.

⇢ Sie hat hohe seelische Folgekosten, wenn Hoffnungen enttäuscht werden.

⇢ Sie lässt die Beteiligten auf einer unreifen Stufe ihrer geistig-seelischen Entwicklung verharren.

3.5   Sind Liebe und Wertschätzung identisch?

Einerseits ja, denn einen Menschen zu lieben bedeutet in jedem Fall, ihn als höchst wertvoll anzuerkennen. „Für mich bist du kostbar!" ist die Botschaft aller Liebenden an das geliebte Wesen, etwas salopper ausgedrückt in dem freundschaftlichen Bekenntnis „Du bist mir lieb und wert!" oder in der etwas antiquierten Anrede „Meine Teuerste!" Das lateinische Adjektiv „carus" bedeutet in der Tat beides: „lieb" und „teuer, wert, geschätzt".

Andererseits lässt der Begriff „Wertschätzung" eine größere Bandbreite an Beziehungsformen zu. Während die Mitteilung „Ich liebe dich/Sie!" in der deutschen Sprache die höchste Form an Wertschätzung ausdrückt, die sich verbal kommunizieren lässt, gibt es bei der Botschaft „Ich schätze dich/Sie" eine Menge an Abstufungen. So können sich zwei Menschen beispielsweise durchaus gegenseitig schätzen, ohne deswegen den Wunsch nach engerer Verbundenheit zu hegen. Dies ist jene Form der Wertschätzung, die man beispielsweise dem Mitspieler im Sportverein, der Mitsängerin im Chor, dem Mitengagierten im Ehrenamt entgegenbringt. Um sie aufrechtzuerhalten, genügt es, dass man keine Konflikte hat, einander respektvoll und freundlich behandelt und bei zufälligen Begegnungen gelassene Freude an den Tag legt.

Wer liebt, wird in höchstmöglichem Maß für das geliebte Wesen auch Wertschätzung empfinden, verbunden mit dem Bedürfnis nach Nähe und häufigem Kontakt. Wer hingegen jemanden (wert-) schätzt, muss ihn oder sie nicht zwangsläufig lieben. Ein gutes Beispiel, um diesen Unterschied zu illustrieren, ist die Freundschaft. Auch sie wird von Zuneigung, unter Umständen auch Liebe, in jedem Fall aber von gegenseitiger Wertschätzung getragen, dennoch lässt sie eine gewisse Distanz zwischen den Beteiligten. Die Erwartungen, die man in einer Freundschaft aneinander richtet, sind bescheidener, oft auch weniger umfassend als in einer Partnerschaft.

Verglichen mit einer Partnerschaft, dies gibt dem Freund/der Freundin entschieden mehr Bewegungsfreiheit und Spielraum.

Liebe als Emotion ist, abgesehen von Verehrung, die intensivste Art der Wertschätzung, die man einem Menschen entgegenbringen kann. Gemeinsam hat sie mit der Wertschätzung, dass dem anderen ein Wert gegeben wird. Die Feststellung des Dichters Christian Morgenstern: „Schön ist eigentlich alles, was man mit Liebe betrachtet" könnte, etwas präziser formuliert, deshalb lauten: „Eigentlich machen wir alles schön, was wir mit Liebe betrachten – und *solange* wir es mit Liebe betrachten!"

3.6 Die Bedeutung der Emotionen für die bedingte Wertschätzung

Wenn wir jemanden schätzen, so haben wir gesehen, hat dies zwei Gründe: Entweder er ist in seiner *Funktion* für uns interessant oder in seiner *Person* wertvoll. Im ersten Fall dominieren sachliche Gesichtspunkte, im zweiten Fall sind emotionale Bewertungen das Rückgrat unserer Entscheidung. Im Folgenden möchte ich mich auf diesen zweiten Fall konzentrieren.

Deutlich wurde, wie stark Emotionen sein können – wie labil und unbeständig sie aber auch sind, weshalb sie sich unter Umständen schnell ins Gegenteil verkehren. Diese Tatsache bedeutet keineswegs eine Abwertung unserer Gefühle, im Gegenteil: Nur wer einschätzen kann, wozu wir Gefühle haben, kann sie auch angemessen wertschätzen. Doch die Frage liegt nahe: Wie entstehen Gefühle und wozu besitzen wir sie?

Wichtig ist zunächst, sich klarzumachen, dass Emotionen kein Luxus der Natur sind, sondern grundsätzlich ein Ziel haben. Da jene Gehirnareale, in denen Gefühle entstehen und zum Teil verarbeitet werden, schon sehr alt sind, muss es sich um Ziele handeln, die mit elementaren Lebensbedürfnissen zusammenhängen. In der Tat: Ziel von Emotionen ist es, den Menschen zu *motivieren*. Sowohl „Emotion" als auch „Motivation" leiten sich vom lateinischen Verb „movere" ab, was „bewegen, in Bewegung setzen" heißt.[32] Wer motiviert ist, tut etwas, wird aktiv. Genau das wollen Gefühle bezwecken. Sie sind, kurz gesagt, eine Form der unbewusst ablaufenden Schnellbewertung jener Signale, die wir über unsere Sinne empfangen. Hauptinteresse ist dabei, alle für unser Überleben und Wohlergehen in irgendeiner Weise gefährlichen – oder nützlichen – Reize möglichst rasch herauszufiltern, um ebenso rasches Reagieren zu ermöglichen.[33] Die drei Grobraster der Schnellbewertung sind deshalb: Ist der Reiz vertraut oder fremd? Ist er stark oder schwach? Ist er bedrohlich oder nicht bedrohlich? Sobald wir etwas in irgendeiner Form als bedrohlich (und womöglich noch stark) einstufen, schlägt unser Gehirn mittels entsprechender Gefühle Alarm und veranlasst uns zu umgehenden Selbstschutzmaßnahmen.

Auf unseren Wanderwegen im Tessin begegnen uns immer wieder Schlangen, die auf warmen Steinen in der Sonne dösen. Da ich nicht auf Anhieb sehe, ob sie harmlos oder gefährlich sind, schlägt mein Gefühlshirn Alarm („Bedrohlich!") und ich mache spontan eine Ausweichbewegung, um Distanz zwischen der Schlange und mir zu schaffen. Kommt mir hingegen der schon erwähnte alte Hund unseres Nachbarn entgegen, weckt er in mir – selbst wenn er bellt – kein Gefühl der Bedrohung mehr und ich weiche nicht zurück, weil ich gelernt habe, ihn als „vertraut" und „ungefährlich" einzustufen.

Obwohl das Gefühlshirn überwiegend auf das Vermeiden negativer Reize programmiert ist, gibt es auch positive Gefühle: Finden

....

32 Vgl. das englische „to move", das sich ebenfalls von „movere" ableitet.
33 Spannend hat diese Funktion Joseph LeDoux in seinem Buch „Das Netz der Gefühle", dtv, München 2001, dargestellt.

wir etwas oder jemanden angenehm oder interessant, motiviert uns dies dazu, darauf zuzugehen, es aufzusuchen. Die Distanz wird verringert, sodass weitere positive Eindrücke gesammelt werden können – die Basis für Freude, Genuss, Hingabe, Wertschätzung und andere, komplexere Gefühle ist gelegt.

Die dritte Möglichkeit besteht darin, dass wir etwas zwar nicht bedrohlich und nicht vertraut, aber auch nicht anziehend oder interessant, d. h. in irgendeiner Weise „stark" finden. Dann erfolgt auch keine Motivation zu Annäherung, Rückzug oder sonstigem Handeln, denn wir empfinden nichts, sondern bleiben „unbewegt" oder, wie man heute gerne sagt, „cool".

Sehr gut kann man diese dreifache Möglichkeit an sich selbst erproben, wenn man, in einem Straßencafé sitzend, die vorbeigehenden Passanten betrachtet. Darunter sind solche, deren Anblick uns „kalt lässt" – wir mobilisieren keinerlei Gefühle. Bei manchen Gesichtern empfinden wir möglicherweise spontane Antipathie, oft verbunden mit Misstrauen. Der Grund: Wir assoziieren das, was wir unbewusst wahrnehmen, mit Gedanken oder Erinnerungen, die eindeutig negativ besetzt sind, beispielsweise wenn wir großen Wert auf gepflegtes Äußeres legen und jemand (aus unserer Sicht) recht ungepflegt aussieht. Andere Gesichter wecken positive Erinnerungen, Erwartungen oder Assoziationen in uns – und wir empfinden Sympathie und Anziehung.

Davon profitierte beispielsweise mein Mann, als er sich vor vielen Jahren als Mieter für eine Wohnung in bester Tübinger Wohnlage bewarb. Obwohl es viele Interessenten gab und er den im Inserat genannten Bedingungen in keiner Weise entsprach, bekam er die Wohnung. Der Grund: Er hatte, wie ihm später mitgeteilt wurde, eine gewisse Ähnlichkeit mit dem sehr geschätzten Neffen der Vermieterin! Diese Ähnlichkeit genügte, um ihn aus der Masse der Bewerber herauszuheben und als „sehr sympathisch und vertrauenerweckend" erscheinen zu lassen (was er selbstverständlich auch war!). Natürlich kann dieser erste Eindruck, der mit einem sofortigen emotionalen Urteil einhergeht, bei näherem Kennenlernen revidiert werden.[34] Ein bekannter Künstler aus meinem Umfeld genießt trotz seiner strähnigen langen Haare, die alles andere als gepflegt aussehen, große Sympathie, weil man die Qualität seiner Darbietungen und die authentisch wirkende Persönlichkeit dieses Mannes schätzt.

Gefühle stehen in erster Linie im Interesse des eigenen Selbstschutzes und des subjektiven Wohlbefindens. Sie wachen darüber, dass unsere seelischen Grundbedürfnisse erfüllt werden, und schlagen unverzüglich Alarm, wenn ein Mangelzustand droht.

Zu den seelischen Grundbedürfnissen des Menschen gehört an erster Stelle das fundamentale Interesse, sich physisch und psychisch sicher zu fühlen. Ein großer Teil unseres „Gefühlshaushaltes" ist mit diesem Urverlangen in Verbindung zu bringen. Weitere Grundbedürfnisse sind die Bedürfnisse nach Zugehörigkeit und Verbundenheit sowie nach Wertschätzung und Anerkennung, die unser Gefühlssystem lenken. Fühlen wir uns verunsichert, angegriffen oder infrage gestellt, so hat dies heftige Gefühle wie Angst, Ärger, Empörung, Zorn und Groll zur Folge. Diese Gefühle setzen uns in Bewegung oder sie sind so überwältigend, dass sie uns vorübergehend in einen körperlich-seelischen Lähmungszustand versetzen (man denke an den Ausdruck „starr vor Schreck"). Ist diese Schockphase überwunden, so gehen wir entweder zum Angriff über und bekämpfen das, was uns Angst macht oder ärgert. Oder wir meiden es und distanzieren uns bzw. ergreifen die Flucht.

....

34 Wie neuere psychologische Forschungen zeigen, ist er, vor allem, was Gesichter anbelangt, eher wenig zuverlässig! Vgl. Psychologie heute, September 2017, S. 18ff.

Da Gefühle *Schnellbewertungen* unseres Gehirns sind, die im Dienste der individuellen körperlichen und seelischen Unversehrtheit stehen, haben sie darüber hinaus folgende Eigenschaften:

⋯⟩ **Gefühle „denken" und planen nicht langfristig, sondern kurzfristig.**

Sie haben die unmittelbare, sofortige Reaktion, die unverzügliche Lösung zum Ziel. Längerfristiges Planen, Denken und Abwägen ist dabei nicht vorgesehen! Ein Gefühl fordert entweder, dass wir einen Zustand entweder möglichst lange aufrechterhalten („Denn alle Lust will Ewigkeit", schrieb Friedrich Nietzsche) oder dass wir ihn, sofern er uns belastet, möglichst rasch beenden bzw. verändern. Dies ist der Grund, weshalb wir bei stark emotionsgesteuerten Reaktionen und Entscheidungen sehr häufig nur kurzfristig Befriedigung oder Erleichterung empfinden. Längerfristig bekommen wir hingegen erhebliche Probleme. Nur die Prüfung durch den Verstand, der wesentlich mehr Aspekte einer Situation berücksichtigen kann, hilft, solche Spontanreaktionen mit langfristig negativen Folgen zu vermeiden.

Wenn Kinder durch beharrliches Quengeln erreichen, dass wir nachgeben, um endlich unsere Ruhe zu haben, so entlastet uns dies kurzfristig, weil sie zufriedengestellt sind. Doch langfristig schafft es uns mehr Probleme, weil die Kinder die Methode „Quengeln" nun bei jeder sich bietenden Gelegenheit einsetzen werden. Ein anderes Beispiel: Wenn wir uns über irgendjemanden ärgern und diesen Ärger prompt in höchst emotionaler Form äußern, was meist mit Aggression und Lautstärke einhergeht, so verschaffen wir uns möglicherweise dadurch rasche Erleichterung („Dampf ablassen" sagt der Volksmund) und setzen uns durch. Langfristig handeln wir uns jedoch den Ruf eines unbeherrschten, impulsiven Menschen ein, mit dem nicht gut Kirschen essen ist und zu dem man besser Sicherheitsabstand hält. Soziale Vereinsamung kann die Folge sein.

⇢ **Gefühle sind in erster Linie auf die eigenen Bedürfnisse fixiert, sodass der Mitmensch sehr leicht aus dem Blick gerät.**

Unsere Emotionen können so dominant sein, dass jene Gehirnareale, in denen wir uns in einem sozialen Kontext sehen und Empathie üben, vorübergehend lahmgelegt werden. Wir verhalten uns infolgedessen nicht nur egozentrisch, sondern im Extremfall auch egoistisch und anti- oder unsozial, sofern wir uns nicht darin üben, die Kontrolle über unsere Gefühle zu erlernen. Fühlen wir uns beispielsweise durch einen anderen Menschen spontan infrage gestellt oder bedroht, so kann dies leicht dazu führen, dass die Großhirnrinde in ihrer Funktion für einige Zeit eingeschränkt und gehemmt wird. Die Großhirnrinde (Neocortex genannt) ist jedoch der Sitz aller komplexeren geistigen Operationen des Menschen. Dazu gehören Abwägung von Argumenten, Impulskontrolle, Besonnenheit, Rückgriff auf Gelerntes sowie auf Erfahrungen, Vernunft, rationale Einschätzung, Sachorientierung und langfristige Planung. Wir handeln dann ohne aktiven Neocortex und entsprechend unklug, ja, oft ist unsere Reaktion so überschießend, dass wir nicht nur andere, sondern auch uns selbst gefährden.

Die Sprache hat für diesen Zustand zahlreiche Ausdrücke parat – was anzeigt, wie häufig er vorkommt: außer sich sein, neben sich stehen, nicht mehr bei Sinnen/bei Trost sein, blind vor Wut oder Angst sein oder, mehr umgangssprachlich: ausrasten, nicht mehr richtig ticken, durchdrehen, rot sehen, ausflippen, überschnappen, hochgehen. In jedem Fall wird ein emotionaler Extremzustand beschrieben, der nicht mehr besonnen, vernünftig oder konstruktiv ist.

Fühlen wir uns in einem Gespräch mehr und mehr infrage gestellt, in die Enge getrieben, bedroht, nicht ernst genommen usw., so werden wir von Emotionen förmlich überschwemmt. Das hat zur Folge, dass wir in der Tat nicht mehr hören, was der andere eigentlich sagt. Wir vernehmen seine Worte zwar akustisch, können sie aber in der Großhirnrinde nicht weiterverarbeiten und angemessen darauf reagieren.

⟶ **Gefühle sind extrem instabil, da sie jederzeit auf veränderte Umweltbedingungen reagieren müssen, um ihre Bewertungs- und Schutzfunktion für den Menschen zu erfüllen.**

Mein kleiner Enkel, der mich vor wenigen Sekunden noch freundlich anlächelte, reagiert mit einem Wutanfall, weil ich ihm meinen Autoschlüssel wegnehme, den er sich soeben in den Mund schieben möchte. Der Entzug wird von seinem Emotionsgehirn umgehend als Bedrohung seiner Bedürfnisse und damit seines Wohlbefindens interpretiert. Die Wut soll ihn dazu motivieren, sich das Verlorene mit aller Kraft zurückzuerobern – oder sie soll mich dazu bewegen, unter dem Druck seiner Wut das Weggenommene wieder herauszurücken. Sollte ich nachgeben, kann sich das Gefühl augenblicklich wieder ins Positive wenden und ich werde erneut liebevoll angeblickt – bis zum nächsten Ärger, wenn der kleine Kerl nicht bekommt, was er möchte.

Doch auch Erwachsene sind zu extremen Gefühlsschwankungen in der Lage, wie schon Goethe wusste, als er reimte: „*Himmelhoch jauchzend, zum Tode betrübt / glücklich allein ist die Seele, die liebt*"[35]. Während das Gefühl der Freude uns z. B. signalisiert, dass etwas für uns anziehend und angenehm ist, also in irgendeiner Form unsere seelischen Grundbedürfnisse befriedigt, stellt sich Trauer immer dann ein, wenn wir uns einer Sache oder Person – oder auch einer Hoffnung – beraubt sehen, die für unser persönliches Wohlergehen sehr wichtig war. Auch bei der Enttäuschung schwingt immer Trauer mit.

....

35 Aus: „Klärchens Lied" in „Egmont", 3. Aufzug, 2. Szene. Allerdings neigt der älter werdende Mensch zu mehr emotionaler Ausgeglichenheit als der jüngere Erwachsene.

Bedingte Wertschätzung, die sich auf die Persönlichkeit und das Verhalten eines Menschen bezieht, wird primär von Gefühlen getragen und gesteuert. Dementsprechend hält die „positive emotionale Aufladung", die das Gegenüber für uns wertvoll macht, so lange an, wie dieses Gegenüber unseren Bedürfnissen und Erwartungen (einigermaßen) entspricht. Dazu benötigen wir Wahrnehmungen, Eindrücke und Erfahrungen, die für uns überwiegend positiv besetzt sind.

3.7 Empathie und Wertschätzung

Doch ist diese Darstellung unserer Gefühle und ihrer Funktionen nicht eine Vereinfachung? Geht es wirklich nur um uns? Schließlich kennen wir alle auch Gefühle, die sich nicht (nur) auf das eigene Wohl, sondern (auch) auf das Wohlergehen anderer Menschen beziehen.

Solche Gefühle entstehen vor allem dann, wenn man sich mit einer Person so stark verbunden fühlt, dass man sie als „erweiterten Teil des eigenen Selbst" empfindet. Bei engen Bindungen zu Familienmitgliedern (Partner, Eltern und Kinder, Geschwister etc.) ist dies der Fall, aber auch bei intensiven Freundschaften. Wird jenem „Teil des erweiterten Ego" ein Leid angetan, empfindet man es wie eigenes Leid.

Man denke an das ergreifende Gedicht „Die Bürgschaft" von Friedrich Schiller, bei dem ein Mann sich in Todesgefahr bringt, um den Freund, der mit seinem eigenen Leben für ihn bürgt, seinerseits vor dem Tod zu retten. Und mit den Worten „... als wär's ein Stück von mir" hat Ludwig Uhland in einem Gedicht das Leid eines Soldaten beschrieben, der mit einem Kameraden in Freud und Leid verbunden war, bis dieser tödlich von einer Kugel getroffen wurde.[36]

....

36 „Der gute Kamerad", 1809.

Auch Mitleid ist ein starkes Gefühl, bei dem man spontan den Schmerz eines Menschen fast wie eigenen Schmerz empfindet. Wer intensives Mitleid hat, kann vorübergehend das Interesse am eigenen Wohlergehen und an der eigenen Sicherheit vollständig zurückdrängen, was eine enorme moralische Fähigkeit des Menschen ist.

Schon immer hat mich die Lebensgeschichte von Janusz Korczak tief berührt, der als erfolgreicher Arzt und Schriftsteller in Warschau ein Waisenhaus für jüdische Kinder gründete. Als im Sommer 1942 die „Endlösung der Judenfrage" dazu führte, dass seine 200 Kinder in ein Vernichtungslager deportiert wurden, weigerte sich Janusz Korczak, sein Leben zu retten und sie alleine gehen zu lassen. Es gelang ihm, den Kindern jegliche Angst zu nehmen, denn er war bei ihnen und gab ihnen Geborgenheit – bis zur letzten Minute.

Doch wir alle wissen, wie leicht Mitleid und Solidarität verpuffen können, wenn man fürchtet, dadurch eigene Nachteile zu erleiden. Wie viele Verfolgte im Dritten Reich erlebten Menschen, die aus Mitleid ihr eigenes Leben riskierten – und wie viele erlebten Menschen, die aus Angst um sich selbst ihr Mitleid gnadenlos verdrängten?

Wie aber sieht es mit der eigentlichen Fähigkeit zur Empathie aus?

Sie setzt voraus, dass Menschen von sich selbst absehen können, um sich in einen anderen Menschen hineinzuversetzen. Das aus dem Griechischen stammende Wort „Empathie" lässt sich am besten mit „Einfühlung" übersetzen. Interessant ist, dass wir spezialisierte Nervenzellen im Gehirn besitzen, die sogenannten „Spiegelneurone", die dann aktiv werden („feuern"), wenn wir mit dem, was ein Mensch tut oder erleidet, intensiv mitfühlen. Wir teilen sein Erleben sozusagen im eigenen Gehirn – durch bloße Beobachtung. Doch abgesehen von dieser Form des spontanen Mitfühlens, die unterhalb der Bewusstseinsschwelle ablaufen kann, benötigen wir für die reife, bewusste Form der Empathie unser Denkvermögen. Man kann auch sagen: Um mitzufühlen, was ein von einem Hammer auf den Daumen getroffener Mensch empfindet, genügen unsere Spiegelneuronen. Um sich in jedoch in etwas komplexere Gefühlszustände eines anderen Menschen einfühlen zu können, benötigen wir unseren Verstand.

Wie fühlt sich jemand, dem der Arbeitsplatz gekündigt wurde? Wir müssen bereit sein, uns gedanklich mit der Befindlichkeit und den Bedürfnissen des Gegenübers auseinanderzusetzen. Denn nicht jede Kündigung muss für den Betreffenden eine Katastrophe sein. Die Reaktionen können von Freude und Erleichterung bis zu Wut und Trauer, Entsetzen und Empörung reichen. Schließlich gibt es je nach Ausgangssituation, nach Temperament und Charakter viele Möglichkeiten, mit einer Kündigung umzugehen. Der eine mag sie als Befreiung empfinden, weil er gerne eine Weile nur reisen oder nichts tun will, der andere als neue Chance, weil er der Stelle schon lange überdrüssig war, die dritte mag sie herbeigesehnt haben, weil er mit einer stattlichen Abfindung rechnet. Wohingegen eine Vierte eventuell verzweifelt ist, weil sie Angst davor hat, was die Umwelt sagt, oder weil sie befürchtet, keine Arbeit mehr zu finden. Wieder ein anderer kann tieftraurig sein, weil ihm seine Arbeit Freude machte und er diese Stelle gern bis zum Ruhestand behalten hätte. Nicht zuletzt kann eine Kündigung Menschen, die davon total überrascht werden, in einen Schockzustand versetzen, weil sie sich in ihrem Selbstwertgefühl massiv infrage gestellt fühlen. („Was habe ich falsch gemacht? Warum will man mich loshaben? Wer bin ich, wenn ich arbeitslos bin?") Es bedarf geduldigen Nachfragens, Zuhörens und behutsamen Einschätzens, um mit der richtigen Form von Empathie zu reagieren.

Hilfreich ist eine Empathie, mit der wir dem anderen in seiner Individualität gerecht werden. Sie ist ohne das höhere Denkvermögen, zu dem auch unsere Einschätzungskompetenz gehört, nicht zu leisten. Mit anderen Worten: Reife, bewusste Empathie fällt uns nicht in den Schoß, sondern setzt den Willen voraus, das Gegenüber zu verstehen. Diese Empathie ist keineswegs spontan, sondern sie ist ein länger dauernder Erkenntnisvorgang, der Energie beansprucht.[37] Psychologische Beratung, erst recht Psychotherapie, sicher auch Mediation oder Coaching, sind deshalb allesamt anspruchsvolle und anstrengende Formen gezielter und bewusster Empathie, die den Einsatz der gesamten Großhirnrinde voraussetzen. Sich auf einen anderen Menschen einzustellen, erfordert die Wachheit aller Sinne, eine hohe Aufmerksamkeit auf Sprache und Körpersprache, verbunden mit ständigen Entscheidungsprozessen, was die Gesprächsführung und die eigenen Antworten oder Nachfragen betrifft. Ablenkende innere und äußere Reize müssen ausgeblendet werden, ebenso ist beim Klienten darauf zu achten, dass er beim Thema bleibt – oder es ist aufmerksam zu beobachten, wann er vom Thema abweicht bzw. neue Themen ins Spiel bringt. Der Klient bietet uns sozusagen ununterbrochen eine Menge an Informationen, die wir wie Puzzleteilchen registrieren und sortieren müssen, um daraus ein schlüssiges Bild dessen zu formen, worum es eigentlich geht, was das eigentliche Problem ist, mit was für einer Art von Mensch wir es zu tun haben und vieles andere mehr.

Übertragen auf das Thema der Wertschätzung, bedeutet dies: Um über die Form der bedingten Wertschätzung hinauszuwachsen, bedarf es des Einsatzes unserer kognitiven Fähigkeiten sowie unserer Willenskraft. Es geht um eine Wertschätzung als *Haltung*.

....

37 Dass es auch berechnende Empathie gibt, bei der die Einfühlung den Zweck der Ausbeutung anderer Menschen hat, sei an dieser Stelle nicht verschwiegen.

Wertschätzung als Haltung

Wenn zwei Wesen, die miteinander
durchs Leben gehen wollen,
nichts als ihr Liebesgefühl haben,
so sind ihre Quellen schnell erschöpft.

HONORÈ DE BALZAC

4.1 Was ist unter einer Haltung der Wertschätzung zu verstehen?

Bedingte Wertschätzung speist sich –aus verständlichen Gründen, wie wir gesehen haben – vorwiegend aus unseren Emotionen. Diese wiederum orientieren sich an unseren Bedürfnissen.

Wertschätzung als *Haltung* bedeutet hingegen: „Ich schätze dich, weil du du bist." Durch die bewusste Entscheidung, die dieser Haltung zugrunde liegt, wird unsere Wertschätzung auf eine vollkommen andere Grundlage gestellt. Natürlich gehören auch zur Wertschätzung als Haltung Gefühle, aber diese Gefühle sind nicht das allein tragende Fundament, sondern Wille und Ratio (Verstand, Vernunft) sind gleichermaßen daran beteiligt.

Vorteile einer Haltung der Wertschätzung

⇢ Stabilität und Kontinuität, da Haltung Durchhaltevermögen verleiht

⇢ Relative Unabhängigkeit von den Signalen des Gegenübers, stattdessen: eigener freier Entschluss

⇢ Ein Ausbrechen aus dem Kreislauf „Wie du mir, so ich dir" ist möglich.

⇢ „Gefühlsüberlegenheit": Eigene Gefühle werden wahrgenommen und ernst genommen, sind jedoch nicht die entscheidende Grundlage der Wertschätzung.

- ⇢ Bewusste Gedanken, aus denen sich Ziele sowie Verhaltensrichtlinien ergeben und an denen wir unser Handeln orientieren
- ⇢ Zu einer Haltung kann man sich immer wieder aufs Neue entscheiden.
- ⇢ Eine Haltung manifestiert sich im praktischen Verhalten.
- ⇢ Eine Haltung manifestiert sich im Kommunikationsverhalten.

Eine Haltung der Wertschätzung stellt hohe Ansprüche an den Einzelnen. Die Macht der Gefühle wird durch die Kraft des Denkens und Willens nachhaltig ergänzt oder kontrolliert. Aus diesem Grund ist eine Haltung der Wertschätzung ohne Selbstkontrolle und Selbstdisziplin nicht möglich. Doch wird hier die menschliche Willenskraft nicht überschätzt?

Zu dieser Frage hat der italienische Psychologe Roberto Assagioli (1888–1974) in seinem Werk „Die Schulung des Willens" ausführlich Stellung genommen. Die Entdeckung der eigenen Willenskraft könne, so schreibt er, „die Selbstwahrnehmung eines Menschen und seine ganze Einstellung zu sich selbst, zu anderen Menschen und zur Welt oft radikal ändern". Der Grund: Der Mensch entdeckt, dass er „mit der Kraft ausgestattet ist, zu wählen, sich in Beziehung zu setzen und Veränderungen in seiner eigenen Persönlichkeit, in anderen und in Umständen zustande zu bringen. Diese vergrößerte Bewusstheit, dieses ‚Erwachen' und diese Vision neuer (...) Möglichkeiten für eine innere Erweiterung und für äußeres Handeln geben ein neues Gefühl des Vertrauens, der Sicherheit, der Freude – ein Gefühl der ‚Ganzheit'."[38] Assagioli verbindet mit der „Willenskraft" keineswegs eine Verdrängung oder Unterdrückung von menschlichen Bedürfnissen und Gefühlen, wie sie vielen Menschen heute noch in den Sinn kommt, wenn sie beispielsweise den Satz hören: „Man muss nur wollen!" Im Gegenteil – laut Assagioli

....

38   Jungfermann, Paderborn 1987, S. 18f.

ist der Wille die Voraussetzung für Freiheit im Handeln sowie dafür, dass Ziele erreicht werden können: „Der Wille hat eine *leitende* und *regulierende* Funktion; er gleicht aus und benutzt auf konstruktive Weise alle andren Tätigkeiten und Energien des Menschen, ohne irgendeine von diesen zu unterdrücken."[39]

In diesem Sinn ist die Willenskraft unerlässlich, wenn es um eine Haltung der Wertschätzung geht. Der Wille erlaubt es, Gefühle wahrzunehmen und anzunehmen, aber dennoch gefühlsüberlegen zu handeln, das heißt: sich nicht von den Gefühlen dominieren zu lassen. Assagioli betont zu Recht, dass zur Formung der Willenskraft ein ganzes Bündel an Persönlichkeitseigenschaften notwendig ist; unter anderem nennt er Disziplin, Konzentration, Aufmerksamkeit, Entschlossenheit, Ausdauer sowie Zielbewusstsein.

Jedes Kind in unserer Gesellschaft lernt spätestens mit dem Schuleintritt: „Wenn du etwas leisten und erreichen willst, darfst du dich nicht von Gefühlen allein bestimmen lassen. Du stehst morgens auf und gehst zur Schule, ob du noch müde bist oder nicht, ob es dir Spaß macht oder nicht. Du versuchst, dem Unterricht zu folgen, ob dich das Thema brennend interessiert oder nicht. Du erledigst Hausaufgaben und schreibst Klassenarbeiten, ob du dazu Lust hast oder nicht."[40] Mit anderen Worten: Die Kinder lernen, Selbstdisziplin einzuüben. Auch eine später folgende Lehre oder ein Studium setzen Selbstdisziplin voraus, erst recht die daran anschließende Berufstätigkeit.

Kompetenzen wie Pünktlichkeit und Zuverlässigkeit, Belastbarkeit und Konzentrationsfähigkeit, Interesse und Anstrengungsbereitschaft beruhen samt und sonders darauf, dass wir uns

----

39 Ebd., S. 19
40 Wobei der Hirnforscher Gerald Hüther zu Recht darauf hinweist, dass man am effektivsten und leichtesten immer dann etwas aufnimmt und lernt, wenn man emotional berührt, das heißt neugierig und aufgeschlossen ist.

nicht primär von Emotionen, Launen und Stimmungen leiten lassen („Gefällt mir das? Mache ich das gerne? Ist das angenehm und bequem?"). Entscheidend ist der Wille zur Disziplin und die Bereitschaft, eingegangene Verpflichtungen zu erfüllen, um selbst gewählte Ziele zu erreichen. Dass diese Fähigkeiten keineswegs selbstverständlich sind, sondern zu allen Zeiten von allen Heranwachsenden gelernt werden mussten, machen einige alte Redewendungen deutlich: „Beiß die Zähne zusammen!" signalisiert die Anspannung, die in der Willensmobilisierung liegt, ebenso wie die ursprünglich aus dem Militär stammende Aufforderung: „Reiß dich am Riemen!" Auch der Wunsch „Nimm dich zusammen!", vornehm-knapp ausgedrückt mit den Worten, doch bitte die „Contenance"[41] zu bewahren, drückt klar und prägnant die erforderliche Kraft- und Willensanstrengung aus. Heute spricht man eher davon, dass man sich „dahinterklemmen müsse", um ein Ziel zu erreichen, und „nicht locker lassen" dürfe, womit ebenfalls die bis ins Muskuläre gehende Anspannung angedeutet wird, die jeder zielorientierten großen Anstrengung innewohnt.

Ein gutes Übungsfeld, um die eigene Selbstdisziplin zu trainieren, sind für mich Bergwanderungen. Sind die Rahmenbedingungen einmal abgesteckt, hat man nicht mehr allzu viel Spielraum. Entscheiden mein Mann und ich uns beispielsweise, von 1000 m Höhe auf 2200 m Höhe zu steigen, wo sich eine Übernachtungshütte befindet, so ist das Ziel vorgegeben: Die Strecke muss vor Einbruch der Dunkelheit gemeistert werden. Wenn man am anderen Tag, möglicherweise von Müdigkeit, Blasen oder Muskelkater geplagt, aus dem Schlafsack klettert, liegt dennoch der Abstieg vor einem. Erschöpfte Rufe wie „Ich kann nicht mehr!" während des Weges ins Tal mögen

----

41   „Contenance" (franz.) heißt „Haltung" und leitet sich vom Verb „contenir" ab, das wörtlich ebenfalls: „zusammennehmen/ zusammenhalten" bedeutet.

zu mitleidsvollem Zuspruch des Bergkameraden oder zu einer zusätzlichen Pause führen, doch ändert dies nichts daran, dass ich auf meinen eigenen zwei Beinen weiterwandern muss.

Wer immer in seiner Freizeit etwas lernen möchte, sei es ein Musikinstrument oder eine Sportart, eine Sprache oder eine sonstige Fertigkeit, merkt schnell, dass es sich nicht um ein durchgängiges Vergnügen ohne Mühe handelt, sondern dass Konzentration, Selbstdisziplin und Ausdauer unentbehrlich sind, um Fortschritte zu machen, wohingegen man mit Emotionen allein nicht weit kommt.

Weshalb sollten diese Gesetzmäßigkeiten, die für den beruflichen und privaten *Leistungsbereich* ganz selbstverständlich gelten und akzeptiert werden, nicht auch für unsere persönlichen Beziehungen Bedeutung und Gültigkeit haben? Warum sollte uns hier Anstrengung erspart bleiben?

Ich halte es für illusionär zu erwarten, dass die privaten Verbindungen, die wir pflegen, möglichst stressfrei sein sollten, womöglich nach der Devise: „Wenn ich mich schon im Beruf anstrengen muss, will ich mich in meiner Freizeit nicht auch noch zusammennehmen müssen!" Doch vermutlich ist es diese Einstellung, die zu einer wachsenden Zahl von Single-Haushalten führt. Denn zahlreiche Alleinlebende sind gar keine wirklichen Singles, sondern pflegen durchaus Formen einer mehr oder weniger verbindlichen Zweisamkeit. Sie wollen jedoch, wie Michael Nast in seinem Buch „Generation Beziehungsunfähig"[42] offen erklärt, Nähe ohne allzu viel Einschränkung, Beziehung ohne allzu große Anstrengung und Verbundenheit ohne wirkliche Bindung. Was bei getrennten Wohnungen in der Tat leichter fällt.

Doch es gibt sie erfreulicherweise immer noch, die Menschen, die „sich trauen" und heiraten, oft verbunden mit dem Wunsch, gemeinsame Kinder zu bekommen. Beide „Unternehmungen" (und

....

42 Edelbooks, Hamburg 2016.

darum handelt es sich bei Partnerschaft und Elternschaft) können zwar auf reiner Gefühlsbasis beginnen, werden aber ohne die zusätzlichen Energiequellen von Denken, Willensentscheidung und Selbstdisziplin nicht Bestand haben. Je früher man sich dieser fundamentalen Tatsache bewusst wird, desto eher könnte auch die Bereitschaft wachsen, jene Gefühlsdisziplin oder „Gefühlsüberlegenheit" zu lernen, die nichts mit Gefühlsarmut oder gar Gefühlskälte zu tun hat, sondern mit dem, was ich unter einer Haltung der Wertschätzung verstehe.

4.2 Wahrnehmen – Annehmen – Ernstnehmen: Helga B. und Herr P.

Vor einigen Jahren erzählte Helga Breuninger, die inzwischen 70-jährige Miterbin der Breuninger-Kaufhauskette, in einer Zeitschrift sehr freimütig über eine entscheidende Erfahrung in ihrer Kindheit. Beide Eltern arbeiteten und Helga wurde von einer Erzieherin betreut. Kurz vor ihrer Einschulung kam der Schock – die Erzieherin heiratete und zog weg. Helga war vor Trauer wie gelähmt und ihre Leistungen in der ersten Klasse fielen katastrophal aus. Daraufhin marschierte ihre Mutter mit ihr zu ihrem Lehrer, Herrn Pfitzenmeier, und wollte entrüstet von ihm wissen, warum ihre Tochter so schlecht sei. Herr Pfitzenmaier sagte ganz ruhig: „Frau Breuninger, ich habe mit Ihrer Tochter vier Jahre Zeit in der Grundschule, und in diesen vier Jahren wird Helga alles lernen, was es zu lernen gibt." Helga Breuninger erzählt: „Er sah mich freundlich an, wie eine Verbündete. Plötzlich sagte er zu meiner Mutter: „Frau Breuninger, was isst denn die Helga gern?" Auf die verblüffte (und verblüffende) Antwort „Spinat!" sagte er bestimmt: „Gehen Sie nach Haus, kochen Sie Spinat, denn es ist sehr wichtig, dass Ihre Tochter sich zu Hause wohlfühlt. Alles andere, Frau Breuninger, überlassen Sie mir." Bald darauf bat er Helga, in der Klasse etwas auf der Geige vorzuspielen – er wusste, dass sie das gut konnte. Allein mit ihr ermutigte er sie: „Helga, du kannst so toll Geige spielen. Ich bin ganz sicher, du kannst genau so toll lesen, rechnen und schreiben lernen – sollen wir das nicht mal gemeinsam angehen?" Helga Breuninger schreibt: „Das war eine Einladung! Er bestrafte mich nicht, er ermahnte mich nicht – er machte ein Angebot."

So weit der Bericht. Er ist ein beeindruckendes Beispiel für die Bedeutung und Wirkung von Wertschätzung und Respekt, auch und gerade Kindern gegenüber. Dieser verständnisvolle und mutige Lehrer brachte dem verstörten kleinen Mädchen Anerkennung und Einfühlung entgegen, wodurch das Kind förmlich aufblühte. Doch damit nicht genug, verlangte er auch von Helgas Mutter eine Form praktizierter Wertschätzung: „Kochen Sie Spinat …!" Natürlich war auch der Mutter ihre Tochter keineswegs gleichgültig, sonst hätte sie sich nicht um deren schulische Leistungen gesorgt. Doch das Beispiel macht deutlich, worum es bei einer Haltung der Wertschätzung geht:

⇝ **Wahrnehmen.** Die Haltung der Wertschätzung ermöglicht eine Konzentration aller Sinne auf das Gegenüber, das vollkommen unvoreingenommen in seiner Befindlichkeit und Individualität wahrgenommen wird.
Der Lehrer nahm einfühlsam wahr, dass Helga ein eher verstörtes Kind war, dem es nicht an Geist, wohl aber an seelischer Geborgenheit mangelte.

⇝ **Annehmen.** Die Haltung der Wertschätzung gebietet es, den anderen in seinem „So-Sein" zunächst bedingungslos anzunehmen und eigene Vorstellungen sowie Erwartungen und Wünsche vorerst zurückzustellen.
Herr Pfitzenmaier setzte Helga nicht unter Druck, sondern gab ihr das Gefühl, so, wie sie war, akzeptiert zu werden. Dazu gehörte

auch, dass er ihren momentanen schulischen „Durchhänger" akzeptierte – ohne dabei das Ziel zu verleugnen, sie zu besseren Leistungen zu führen. Dabei nahm er auch ihre Mutter in die Pflicht, indem er ihr klarmachte, dass sie den Bedürfnissen ihrer Tochter, wahrgenommen zu werden und „Nestwärme" zu erfahren, etwas mehr Aufmerksamkeit schenken sollte.

⇢ **Ernstnehmen.** Die Haltung der Wertschätzung verlangt, den anderen in seinen Bedürfnissen, aber auch seinen Stärken und Schwächen ernst zu nehmen und daraus Ziele oder Erwartungen abzuleiten, die nicht vorwiegend am eigenen Befinden, sondern ebenso an den Möglichkeiten des anderen orientiert sind.
Der Lehrer spürte, dass es dem Kind vor allem an Ermutigung und Nähe fehlte. Behutsam verhalf er ihr zu ersten Erfolgserlebnissen, die das Selbstvertrauen und Selbstwertgefühl von Helga stärkten. Darauf konnte er aufbauen.

Es bleibt nachzutragen, dass Dr. Helga Breuninger später erfolgreich zwei Studiengänge absolvierte und in den Stiftungen, die sie gründete, ihre eigenen Erfahrungen als Grundschülerin höchst konstruktiv einbrachte und verarbeitete.[43]

---

43   Näheres unter www.helga-breuninger-stiftung.de

4.3   Gründe für Wertschätzung als Haltung

Was könnten Gründe sein, eine Wertschätzung als Haltung einzuüben? Folgende Argumente sprechen dafür:

⇢ **Der Wunsch, den anderen und damit die Beziehung
nicht mit den eigenen Gefühlsschwankungen zu
belasten oder zu gefährden.**
Wie Richard Sennett in seinem spannenden Buch „Verfall und Ende
des öffentlichen Lebens. Die Tyrannei der Intimität"[44] schon vor
über dreißig Jahren deutlich machte, ist das Zusammenkommen
und erst recht Zusammenleben zwischen Menschen deutlich leichter zu ertragen, wenn der Puffer der Umgangsformen (gute Manie-
ren, Höflichkeit usw.) zwischen ihnen wirksam wird.

Umgangsformen sind Rituale, die Respekt und Distanz zum Ausdruck bringen. Man mutet sich seinen Mitmenschen nicht in seiner momentanen Seelenlage zu, sondern praktiziert eine gewisse
Selbstdisziplin, um der Umgebung das allzu persönlich-intime Kennenlernen der eigenen Person zu ersparen. Wer hat nicht schon das
Gegenteil erlebt: wie anstrengend sehr gefühlsorientierte oder gefühlsbestimmte Menschen für ihre Umgebung in mehrfacher Hinsicht sein können. Zum einen erwarten sie, dass man auf ihre Ge-
fühlslagen Rücksicht nimmt oder empathisch eingeht, was eigentlich nur in einer vertrauten Freundschaft oder Partnerschaft seinen
Raum haben sollte. Zum anderen nehmen sie mit ihren Gefühlen oft
sehr viel Raum ein, sodass sich alle anderen in außerordentlichem
Maß zurücknehmen müssen. Zum dritten wirken gefühlsbestimmte Menschen häufig egozentrisch: Ihr Verhalten ist empathiearm,
ihre Äußerungen kreisen mit Vorliebe um die eigene Befindlichkeit,
ihr Interesse am andern ist höchst oberflächlich.

....

44   Frankfurt 1986.

Nicht zuletzt sind Menschen, die sich sehr von ihren Stimmungen oder Emotionen leiten lassen, oft unberechenbar im Verhalten, was für alle Mitmenschen bedeutet, in ständiger innerer Anspannung, salopp formuliert, „in Hab-acht-Stellung" zu sein, was eine Menge Energie kostet. Man erlebt „Wechselbäder" der Gefühle, die über kurz oder lang den Wunsch nach Rückzug auslösen.

⇢ **Der Wunsch, dem anderen in seinen Bedürfnissen gerecht zu werden.**

Wer freiwillig in einer verbindlichen Beziehung lebt, wünscht sich eine gewisse Sicherheit und will diese Beziehung nicht ständig infrage gestellt sehen. Wertschätzung als Haltung gibt – in gewissen Grenzen, über die noch zu sprechen sein wird – diese Sicherheit. Wir Menschen sind, wie ausführlich erörtert, beseelt vom Wunsch, (an-)gesehen zu werden und Anerkennung zu bekommen. Eine Haltung der Wertschätzung trägt diesem Wunsch gleich in doppelter Hinsicht Rechnung. Zum einen bedeutet Wertschätzung, den anderen wahrzunehmen, ihm Aufmerksamkeit zu schenken. Zum anderen bedeutet es, den anderen in seiner Würde und seinen Bedürfnissen zu achten.

⇢ **Der Wunsch, den anderen so zu behandeln, wie man selbst behandelt werden möchte.**

Dieser Gedanke wurde von Jesus mit klaren Worten formuliert: „So, wie ihr wollt, dass euch die Menschen behandeln, so behandelt sie auch!" (Matthäus 7,12). Wenn es uns ein Bedürfnis ist, wertschätzend behandelt zu werden, so tun wir gut daran, mit gutem Beispiel voranzugehen. Wenn es uns viel bedeutet, in stabilen Beziehungen zu leben, so liegt es auch an uns, diese Stabilität anzustreben. Wenn wir Zuverlässigkeit und Treue schätzen, liegt es nahe, sie auch selbst in unseren Freund- und Partnerschaften einzuüben.

⟶ Der Wunsch nach Freiheit.

Das Paradox der Wertschätzung als Haltung besteht darin, dass sie einerseits den Willen zur Bindung beinhaltet – und andererseits Freiheit verleiht. Freiheit wovon? Zum einen vom Zwang, Gleiches mit Gleichem zu vergelten. Dies ist auch der tiefere Sinn der Aufforderung Jesu: *„Liebet eure Feinde!"* (Matthäus 5,44). Eine gefühlsbestimmte Liebe oder Wertschätzung gegenüber einem Menschen, der mir nicht gut gesonnen ist oder mich nicht schlecht behandelt, ist, wie im Kapitel über Gefühle beschrieben, schlichtweg nicht möglich. Es ist aus emotionaler Sicht niemals im Interesse eines Individuums, sich jemandem anzunähern, der ihm keineswegs wohlgesonnen ist, ja, der womöglich Böses im Sinn hat. Da Emotionen dem Selbstschutz dienen, kann man für Menschen, die man als bedrohlich oder verletzend erlebt, auf keinen Fall Gefühle der Zuneigung empfinden. Die Schlussfolgerung liegt auf der Hand: Jesus kann mit seiner Aufforderung zur „Feindesliebe" nur eine *Haltung* gemeint haben, die sich im konkreten Verhalten zeigt. Ziel dieser Haltung ist es, aus dem Kreislauf des Hasses und der Lieblosigkeit, der Bosheit und der Gewalt bewusst auszubrechen und nicht mehr nur zu reagieren, sondern im eigenen Handeln kreativ zu agieren.

⟶ Der Wunsch nach Selbstentwicklung.

Die Haltung der Wertschätzung kann durchaus mit einem Akt der Selbstüberwindung verbunden sein – wir lösen uns von dem Zwang, uns von unseren Gefühlen leiten zu lassen. Denn dieser Zwang gibt uns, wie dargelegt wurde, nur wenig oder überhaupt keinen Handlungsspielraum. Erst durch die rationale „Bearbeitung" unserer Gefühle in der Großhirnrinde können wir unseren Verhaltensspielraum deutlich erweitern und Aktionen sowie Reaktionen in Erwägung ziehen, die über die „Kampf oder Flucht"-Möglichkeiten des limbischen Systems weit hinausreichen. Das bedeutet: Wir nehmen uns die Freiheit, bewusst und unter Einbezug unserer Vernunft und unserer langfristigen Ziele zu entscheiden, wie wir uns unserem Nächsten gegenüber verhalten möchten. Es kann sein, dass wir dabei unsere unmittelbare Handlungsimpulse unterdrücken – aber wir tun dies, weil wir über den Augenblick hinaus denken und das Ziel haben, in Frieden mit unseren Mitmenschen und in Übereinstimmung mit unseren eigenen ethischen Leitlinien und moralischen Werten zu leben.

4.4 Wertschätzung als Haltung äußert sich im Verhalten

Eine *Haltung* unterstützt den Menschen darin, mit Gefühlsschwankungen, Gefühlsflauten oder auch mit der Versuchung zu Gefühlsausbrüchen souveräner umzugehen. So gelingt es, nicht unter dem Druck oder im Bann dieser Gefühle zu agieren, sondern ein Gegengewicht im Denken und in der Willenskraft zu finden. Wie könnte sich die Haltung der Wertschätzung im *konkreten Verhalten* manifestieren? Zwei Dimensionen spielen eine Rolle:

⇢ **Dem Gegenüber wird Raum gegeben.**
Jemandem Raum zu geben bedeutet, sich selbst zumindest vorübergehend um des anderen willen zurückzunehmen. Ein Beispiel: Ich liege auf unserer kleinen Fernsehcouch. Mein Mann kommt dazu und ich setze mich aufrecht, damit er noch Platz neben mir findet. Oder: Meine Freundin erzählt mir etwas und merkt, dass ich dazu einen Kommentar abgeben möchte. Sie unterbricht ihren Redefluss, damit ich zu Wort komme. In beiden Fällen erfolgt die „Selbstbeschränkung" um des anderen willen, genauer gesagt: um der Verbundenheit willen.

⇢ **Das Gegenüber wird mit Achtung behandelt.**
Wir bringen zum Ausdruck, dass wir die Bedürfnisse des Gegenübers wahrnehmen und ernst nehmen möchten. Damit ist

allerdings nicht gemeint, grundsätzlich nachgiebig auf dessen Wünsche zu reagieren. Doch gerade dann, wenn wir Erwartungen enttäuschen, Bedürfnisse nicht erfüllen können oder wollen und Wünsche ablehnen müssen, ist es höchst bedeutsam, die Ablehnung in einer respektvollen Form zu äußern. Dies hilft dem Gegenüber, zwischen einer Ablehnung seiner *Person* und einer Ablehnung seines speziellen *Anliegens* zu differenzieren. Hier spielt vor allem der Kommunikationsstil eine entscheidende Rolle (vgl. Kapitel 7.3).

In einem meiner Seminare über das Thema „Wertschätzung" äußerte einer der Teilnehmer recht vorwurfsvoll die Erwartung, doch endlich „zum Thema" zu kommen. Seine wenig wertschätzende Äußerung, verbunden mit negativer Körpersprache, löste in mir spontan den Impuls aus, ihm auf ähnlich aggressive Weise klarzumachen, dass der Verlauf des Seminars von ihm nicht zu bestimmen sei. Glücklicherweise gelang es mir, diesem Impuls nicht nachzugeben. Stattdessen äußerte ich Verständnis für seine Ungeduld, teilte ihm aber in klaren Worten mit, dass mein Seminar einen ganz bestimmen Aufbau habe, der es mir nicht möglich mache, beliebig „abzukürzen". Abschließend bat ich den Teilnehmer freundlich, aber unmissverständlich um Geduld. Obwohl ich seinem Wunsch in keiner Weise nachgegeben hatte, durfte er sich von mir wertschätzend behandelt fühlen.

Es gibt eine Vielzahl konkreter Verhaltensweisen, in denen wir die beiden Komponenten der wertschätzenden Haltung zum Ausdruck bringen.

Dazu gehören beispielsweise:

⇢ den anderen wahrnehmen anstatt ignorieren; ihm Aufmerksamkeit schenken
⇢ Rücksicht nehmen
⇢ Interesse am anderen zeigen, aufgeschlossen für ihn sein, ihn zu verstehen versuchen

- Mitverantwortung für die Beziehungsqualität übernehmen; nicht nur re-agieren
- ihm mit ungeteilter Aufmerksamkeit begegnen
- bereit sein, sich für ihn zu engagieren, wenn er Hilfe und Unterstützung benötigt
- zuverlässig sein; Zusagen und Vereinbarungen einhalten
- aufrichtig sein, Vertrauen nicht ausnutzen, keine Unwahrheiten äußern
- Wichtiges nicht verschweigen, den anderen nicht vorsätzlich täuschen
- Einfühlungsbereitschaft üben, Anteilnahme bekunden
- Dankbarkeit mitteilen
- großzügig sein und bereit sein, zu schenken; möglichst nicht aufrechnen
- Anerkennung und Wertschätzung in Worten und Gesten mitteilen
- sich um nicht verletzende Kommunikation bemühen, auch wenn Kritik geübt werden muss (siehe Kapitel 7.3)
- lernen, über Gefühle zu sprechen, ohne damit Druck auszuüben
- um des anderen willen auch auf etwas verzichten können oder Opfer bringen; gegebenenfalls: Kompromissbereitschaft
- nachsichtig und vergebungsbereit gegenüber Fehlern sein
- Geduld praktizieren
- dem Anderssein und Andersdenken des anderen Respekt und Toleranz entgegenbringen, auch wo es Mühe macht
- lernbereit sein und auf jede Form des Rechthabenwollens verzichten
- Verzicht auf Verurteilungen, Unterstellungen, abwertende Kommentare
- bereit sein, unter Umständen um Entschuldigung zu bitten
- Grenzen respektieren und eigene Grenzen, falls notwendig, klar mitteilen.

Bei all diesen Verhaltensweisen wird versucht, sowohl den Bedürfnissen des Gegenübers als auch den eigenen gerecht zu werden.

4.5 Die Haltung der Wertschätzung – am Beispiel der Beziehung zwischen Eltern und Kindern

Die Beziehung zwischen Eltern und Kindern hat vor allem drei Eigenheiten:

⇢ Es herrscht aufgrund der kindlichen Abhängigkeit eine klare Asymmetrie.

⇢ Die Beziehung ist in hohem Maße von Emotionen geprägt.

⇢ Die elterliche Liebe ist sehr stark mit Erwartungen und Hoffnungen verknüpft. Die Konsequenz: Elterliche Liebe ist in der Regel – und häufig unbewusst – von bedingter Wertschätzung geprägt: *„Ich liebe dich, wenn ... weil ... sofern ... solange du ... so bist/ dich so verhältst/dich so entwickelst ... wie ich es gern möchte."* Dies macht sie für Verletzungen, Enttäuschungen und Konflikte vor allem in späterer Zeit, wenn die Kinder erwachsen sind, sehr störanfällig.[45]

Es war bei einem Vortrag, den ich zum Thema „Neid und Eifersucht – Gefühle, über die man nicht gern spricht" hielt. Ich schärfte den aufmerksam lauschenden Frauen ein, wie wichtig es sei, Kinder gerecht zu behandeln. „Gerecht" bedeutet für Kinder, dass keines der Geschwister ohne zwingenden Grund mehr Schonung, Rechte, Aufmerksamkeit oder (materielle) Zuwendung bekommt als die anderen, mit anderen Worten: dass kein Geschwister bevorzugt wird. Fühlen Kinder sich gegenüber Geschwistern zurückgesetzt, so ist

....

45 Ebenso in der Phase, in der die Eltern aufgrund ihrer Gebrechlichkeit von den Kindern abhängiger werden.

dies eine Verletzung, die meist lebenslang nicht wirklich verheilt und häufig nach dem Tod der Eltern, wenn das Erbe zu teilen ist, zu erbitterten Auseinandersetzungen führt. An dieser Stelle unterbrach mich eine Zuhörerin fortgeschrittenen Alters mit dem spontanen Ausruf „Aber es ist doch normal, dass man ein Kind lieber hat als die anderen!"

Ich antwortete ihr: „Es ist in der Tat menschlich, dass einem das eine Kind möglicherweise mehr liegt, mehr den eigenen Erwartungen entspricht als das andere oder die anderen. Oder dass wir mit einem Kind größere Probleme haben als mit den anderen. Doch es ist unser aller Aufgabe als Eltern oder Großeltern, diesen allzu menschlichen Gefühlen nicht nachzugeben, sondern gerecht zu sein. Dazu müssen wir unseren Willen und unseren Verstand einschalten. Schließlich können Kinder nichts dafür, wenn sie anders sind, als wir es uns vorgestellt haben – das dürfen wir sie auf gar keinen Fall spüren lassen, indem wir sie benachteiligen!"

Im Anschluss an meinen Vortrag kam dieses Thema erneut zur Sprache. Erschütternde Beispiele von Ungleichbehandlung – bis hin zu massiver Benachteiligung – kamen zur Sprache, die zu schwersten psychischen Verletzungen geführt hatten. Jahrelange Erbstreitigkeiten mit abschließenden Zerwürfnissen waren nicht selten die Folge, wobei es den Beteiligten oft weniger um die materiellen Vorteile ging als vielmehr um eine Abrechnung mit dem vermeintlich „immer schon" bevorzugten Geschwister bzw. mit den ungerechten Eltern.

Das Problem der Ungleichbehandlung von Geschwistern ist, folgt man der Bibel, uralt. Man lese nur die kunstvoll komponierte Geschichte von Joseph und seinen Brüdern in 1. Buch Mose, Kapitel 37–50. Joseph wird, so lesen wir dort, von seinem Vater Jakob gegenüber den zehn älteren Brüdern bevorzugt, da er der spätgeborene Sohn der Lieblingsfrau Rahel ist. Die Brüder nehmen dies nicht einfach hin, sondern beschließen eines Tages, Joseph „auszuschalten", indem sie ihn an eine vorbeiziehende Karawane verkaufen und dem Vater weismachen, ein wildes Tier habe seinen Lieblingssohn zerrissen. Der Vater, so macht die spannende Erzählung deutlich, bezahlt schon zu Lebzeiten einen hohen Preis dafür, dass er sich unkontrolliert von seinen Gefühlen hatte leiten lassen!

Wie wenig das Thema „Ungleichbehandlung von Geschwistern" von seiner Aktualität verloren hat, machte mir ein Brief einer Freundin im Herbst 2017 deutlich. Sie schrieb: „Meine Eltern haben mich leider nie sehr unterstützt, sondern den Großteil ihrer Aufmerksamkeit meiner Schwester gewidmet. Es war in meinen Krisenzeiten, während der Geburt meines vierten Kindes, das schwer behindert zur Welt kam, und bei der nachfolgenden Scheidung vom Vater meiner Kinder sehr schwer für mich, keinen Rückhalt und keine Unterstützung zu erfahren … Bis heute wird erst einmal meine Schwester ins Vertrauen gezogen, mit ihr wird beraten … Ich selbst habe ein inniges, vertrautes Verhältnis zu all meinen Kindern und bemühe mich bewusst, sie alle gleich zu behandeln und für jedes von ihnen da zu sein, wenn es erforderlich ist."

Beeindruckend ist, wie konstruktiv meine Freundin ihre vonseiten der Eltern erlittenen Verletzungen reflektiert und bearbeitet hat. Sie nahm sich bewusst vor, es bei ihren eigenen Kindern besser zu machen, und dank emotionaler Selbstkontrolle und eines reifen Umgangs mit Gefühlen scheint ihr dies auch in hohem Maß gelungen zu sein – alle Kinder sind ihr in liebevoller Herzlichkeit verbunden. Gerade dann, wenn ein behindertes Kind zur Familie gehört, ist dies eine große Leistung!

4.6 Die Haltung der Wertschätzung und ihre Grenzen

„Du bist, wie du bist, und du hast das Recht, so zu sein, wie du bist", sagt der Mensch, der eine Haltung der Wertschätzung praktiziert. Andererseits nimmt der wertschätzende Mensch auch sich selbst so an, wie er ist – und er nimmt sich selbst ernst, auch was die eigenen Grenzen anbelangt. Wer jedoch eigene Grenzen respektiert, muss Grenzen ziehen können. Die Haltung der Wertschätzung ist zwar weitaus belastbarer als die primär vom Gefühl gespeiste bedingte Wertschätzung, doch hat auch sie Grenzen. Sie liegen sowohl in der Person dessen, der die Haltung der Wertschätzung praktiziert, als auch in der Person dessen, der sie empfängt.

⟶ **Die erste Grenze: die Würde und Opferbereitschaft der wertschätzenden Person.**
Wir können einen Menschen nicht wertschätzen, wenn er ständig oder wiederholt und ohne Bedauern oder Reue Leben beschädigt – unser Leben, sein Leben, fremdes Leben. Und wir müssen ihn auch nicht wertschätzen, wenn dies auf Kosten unserer körperlichen, geistigen oder seelischen Unversehrtheit, Würde oder Lebensqualität geht.

Eine Frau wurde von ihrem Ehemann jahrelang gedemütigt und missachtet. Er behandelte sie ohne jeden Respekt, geschweige denn mit Wertschätzung. Eines Tages beschloss sie, sich zu trennen, denn sie spürte, wie ihre Seele im Lauf ihrer Ehe immer mehr Schaden nahm, sich zum Negativen veränderte. Sie praktizierte zwar während der Trennungszeit und auch danach eine Haltung der Wertschätzung, indem sie sich nicht von Gefühlen der Wut oder Rachsucht leiten ließ, sondern auf Fairness und einen sachlichen Umgang bedacht war. Doch sie erlaubte sich auch, zwischen sich und ihren ehemaligen Partner so viel Abstand zu bringen, dass er sie nicht länger verletzen und demütigen konnte.

Auch Johann Wolfgang von Goethe machte die Erfahrung, dass man die Liebe eines anderen Menschen überfordern kann. Als er im September 1786 nach Italien mit dem Ziel „Rom" abreiste, hatte er selbst seine engste Vertraute Charlotte von Stein vorher nicht eingeweiht. Sicher war dies für ihn der einfachste Weg, um Diskussionen oder tränenreichen Abschiedsszenen aus dem Weg zu gehen. Goethe vertraute darauf, dass die verheiratete, etliche Jahre ältere Freundin Verständnis für seine heimliche „Flucht" aus Weimar aufbringen würde. Vertrauensvoll schrieb er ihr von unterwegs Briefe, die deutlich machten, wie wenig er sich in die Seelenlage seiner langjährigen Vertrauten einfühlen konnte. Charlotte von Stein war am Boden zerstört über diesen Vertrauensbruch, wie sie es empfand, und kam nicht darüber hinweg, dass ihr Freund sie solchermaßen vor vollendete Tatsachen gestellt hatte. Die bittere Enttäuschung, die Goethe ihr bereitete, führte letztendlich zum Bruch ihrer Liebesbeziehung, was Goethe – zumindest bewusst – so nicht erwartet hatte (inwieweit er unbewusst darauf spekuliert hatte, ist eine andere Frage). Charlotte empfand Goethes Verhalten als eine so massive Entwertung ihrer Person und Beziehung, dass sie ihre Wertschätzung ihm gegenüber nicht länger in der alten Form aufrechterhalten konnte.

⤳ Die zweite Grenze: das Vertrauen der wertschätzenden Person.

Die Haltung der Wertschätzung basiert auf Vertrauen. Ein Mensch, dem wir nicht oder nicht mehr vertrauen, kann von uns zwar mit Höflichkeit und „Anstand" behandelt werden, doch verhindert die innere Distanz, dass wir zu ihm in ein näheres Verhältnis treten. Dadurch kann die positive Aufladung mit wertschätzender Energie nicht in Gang kommen – der Graben des verlorenen Vertrauens ist zu tief.

Ein Freund erzählte mir, seine zwei Geschwister hätten ihn nach dem Tod der Eltern beim Erbverteilung massiv benachteiligt. Er habe sich gegen dieses Unrecht nicht gewehrt, doch es sei ein Riss in die Beziehung gekommen. Als seine Schwester eines Tages schwer krank wurde, habe er weder Mitgefühl noch Schadenfreude empfunden, sondern: nichts. Die Enttäuschung hatte ihn nicht zu ihrem Feind gemacht, aber sie hatte die bisherige emotionale Verbundenheit, die auf Respekt und Vertrauen basiert hatte, zerstört.

Die einzige Chance zu neuem Vertrauen und dementsprechend mehr Wertschätzung würde in diesem Fall wohl darin bestehen, dass die Geschwister ihr unfaires Vorgehen gegenüber dem Bruder eingestehen und diesen um Verzeihung bitten – was wenig wahrscheinlich ist.

Allerdings kann eine Haltung der Wertschätzung durchaus bewirken, dass wir dem Menschen, dem wir nicht (mehr) vertrauen können, unser Interesse dennoch nicht vollkommen aufkündigen, sondern ihm mit vorsichtiger Aufgeschlossenheit begegnen. Wir machen mittels dieser Haltung möglicherweise Erfahrungen mit unserem Gegenüber, die durchaus dazu führen können, ihm eines Tages wieder mehr Vertrauen entgegenzubringen. Die darauf folgende größere Nähe kann wiederum wertschätzendes Verhalten ermöglichen.

Die dritte Grenze: die Kraft der wertschätzenden Person.

Die individuellen Energievorräte sind begrenzt – auch bei bestem Willen, eine Haltung der Wertschätzung mit großer Opferbereitschaft zu verbinden. Da niemand weiß, wann er oder sie an diese Grenzen stößt, sollte auch niemand Versprechen abgeben, die voraussetzen, dass die eigenen Kräfte unerschöpflich sind. Wer dies tut, schätzt sich selbst unrealistisch ein.

„Du darfst bis zu deinem Lebensende zuhause bleiben und musst nie ins Pflegeheim, Mama!", versprach eine Frau ihrer betagten Mutter. Die Mutter bekam einen Schlaganfall und war anschließend halbseitig gelähmt. Ein schwerer Pflegefall, den die einzige Tochter mit Hilfe ihres Mannes so lange wie möglich zuhause versorgte. Doch eines Tages war es so weit – sie konnte ihre Haltung der Wertschätzung nicht mehr durchhalten, weil sie selbst gesundheitlich inzwischen zu angeschlagen war. Mit erheblichen Schuldgefühlen brachte sie ihre Mutter doch noch ins Pflegeheim.

⇢ **Die vierte Grenze: die Reaktion der wertgeschätzten Person.**
Wenn Menschen Wertschätzung ablehnen, ausschlagen, ignorieren oder mit Missachtung beantworten, so fehlt die Basis für eine wertschätzende Verbindung.

Das Gleichnis vom verlorenen Sohn (Lukas 15), das Jesus erzählt, ist ein beeindruckendes Beispiel einer Haltung von unbedingter Wertschätzung. Ein Sohn fordert von seinem Vater schon zu dessen Lebzeiten sein Erbteil, um endlich in die Fremde ziehen, sprich: den Vater verlassen zu können. Der Vater respektiert den für ihn äußerst schmerzlichen Wunsch und lässt den Sohn gehen. Dass er seine wertschätzende Haltung diesem gegenüber jedoch aufrechterhält, zeigt sich an der Art und Weise, wie er den am Boden zerstörten, gescheiterten Sohn bei dessen Rückkehr empfängt: Er läuft ihm, als er seiner in der Ferne ansichtig wird, entgegen und setzt ihn sofort wieder in seine alte Stellung als Sohn ein – und nicht, wie vom Sohn bescheiden gewünscht, als „Tagelöhner". Als Krönung lässt er sofort ein Kalb schlachten, um ein Fest zu feiern!

Solange der Sohn im Ausland weilte und keinen Kontakt zum Vater suchte, konnte dessen Wertschätzung den Sohn nicht erreichen. Die Grenze zog der Sohn, der die Brücken zum Vaterhaus abgebrochen hatte. Erst durch seine Rückkehr gab er dem Vater wieder die Möglichkeit, ihm mit einer Haltung der Wertschätzung zu begegnen. Mit anderen Worten: Wertschätzung benötigt einen Resonanzboden, sonst läuft sie ins Leere.

Ein anderes, leider höchst aktuelles Beispiel: In einem Fernsehbericht über junge Mädchen, die von einem sogenannten „Loverboy"[46] in die Prostitution getrieben wurden, berichtete ein Vater, wie sehr er sich wünschte, seine Tochter würde Kontakt zu ihm aufnehmen. Er stünde zu ihr, egal, was sie tue, und würde ihr so gerne helfen, aus ihrer furchtbaren Situation wieder herauszukommen, doch so lange sie sich nicht melde, könne er nichts für sie tun. Es war bedrückend zu sehen, wie sehr der Vater darunter litt, dass seine tapfere Haltung der Wertschätzung – er verurteilte die Tochter nicht, sondern wollte ihr beistehen – ins Leere lief, weil die Tochter offenbar nicht die Kraft fand, sich an ihn zu wenden.

46 So nennt man Männer, die Mädchen vorgaukeln, dass sie ihre große Liebe seien, um die Mädchen in ihre seelische und bald auch körperliche Gewalt zu bringen.

5 Die Haltung der Wert- schätzung und der Glaube

Lass deine Grundstimmung gegen alles, was ist, Mitgefühl sein.
Achte auf jeden Wink von oben und lass keine Gelegenheit
zu Gutem unbenützt vorübergehen, so unbedeutend sie auch sei.

CARL HILTY (1833–1909)[47]

5.1 Die Haltung der Wertschätzung und das Gebot der Nächstenliebe

„Du sollst deinen Nächsten wie dich selbst" lautet eines der zent- ralen Gebote, das für Juden und Christen gleichermaßen verbind- lich ist.[48] Dass mit diesem Gebot keineswegs eine gefühlsorientierte Liebe gemeint ist, ergibt sich aus der Tatsache, dass man Gefühle nicht willentlich erzeugen, sie folglich auch nicht verordnen kann. Man mag auf Anweisung möglicherweise Freude, Trauer, Überra- schung oder Begeisterung heucheln, aber man kann sie nicht auf Befehl empfinden. Folglich muss auch diesem Gebot ein Verständnis von Liebe zugrunde liegen, das nicht gefühls-, sondern willens- und verhaltensorientiert ist. In der Tat bedeutet das hebräische Wort für „lieben" sowohl „Liebe empfinden" als auch „Liebe üben", das heißt, sie im konkreten Verhalten praktizieren. Welche Gründe sollten uns dazu veranlassen?

Es ist die Erkenntnis, wofür der Mensch von seiner innersten Natur her geschaffen ist. Man muss nicht unbedingt Christ sein,

---

47 Aus: Carl Hilty, Briefe, J. C. Hinrichs'sche Buchhandlung, Leipzig 1903, S. 181.
48 Es findet sich auch in anderen Weltreligionen, vgl. Hans Küngs Projekt „Weltethos".

um zu der Überzeugung zu gelangen, dass das Leben in friedvollen und wertschätzenden Beziehungen das eigentliche Glück und den Sinn des Lebens ausmacht. Auch Joachim Bauer kommt als Wissenschaftler und Gehirnforscher zu diesem Résumé: Wir sind nicht auf Konkurrenz und Feindseligkeit hin angelegt, sondern auf Kooperation und gegenseitige Unterstützung. Wahre Zufriedenheit ist deshalb für Menschen nur möglich, wenn sie im Frieden miteinander leben. Dafür bildet, so meine Überzeugung, die Haltung der Wertschätzung auf die Dauer eine unverzichtbare Hilfe.

Auch das Konzept der Resonanz, das Hartmut Rosa vorstellt, überzeugt mit dem Argument, dass nichts den Menschen mehr beglückt, als von etwas oder jemandem berührt, erfasst oder gar ergriffen zu werden – und selbst mit anderen in Berührung zu leben. Doch genau diese schlichten Wahrheiten, welche die modernen Wissenschaften – Psychologie, Medizin, Philosophie – eindrucksvoll bestätigen, gehen in unserer in extremster Weise an Leistung und Konsum orientierten Lebensweise unter oder geraten zumindest ins Hintertreffen. Was zählt, sind sichtbare Beweise des eigenen Wertes und des persönlichen Erfolgs, nicht die unsichtbaren Netze, die uns in beglückender Weise mit anderen Menschen verbinden, uns das Leben in vielfältiger Weise miteinander teilen lassen.

In ihrem lesenswerten Buch „5 Dinge, die Sterbende am meisten bereuen" fasst die Australierin Bronnie Ware ihre Erlebnisse und Erfahrungen mit sterbenden Menschen zusammen.[49] Sie hatte einige Jahre damit verbracht, Männer und Frauen in deren letzter Lebensphase zuhause zu betreuen und sich dabei offenbar das tiefe Vertrauen ihrer Patienten und Patientinnen erworben. Diese Menschen vertrauten ihr eine Menge persönlicher Gefühle und Gedanken an, die Bronnie Ware auf kluge Weise zu Papier brachte. Die fünf Versäumnisse, die ihr am häufigsten – oft unter Tränen –

---

49 Goldmann, München 2015.

mitgeteilt wurden, haben allesamt etwas mit dem Thema der Wertschätzung zu tun, und zwar sowohl mit der Wertschätzung seiner selbst als auch mit der Wertschätzung anderer Menschen. „Ich wünschte, ich hätte den Mut gehabt, mir selbst treu zu bleiben, statt so zu leben, wie andere es von mir erwarteten", hängt mit Selbstwertschätzung zusammen, ebenso das Versäumnis: „Ich wünschte, ich hätte mir mehr Freude gegönnt." Bei Versäumnis Nummer drei: „Ich wünschte, ich hätte nicht so viel gearbeitet" sind auch unsere nächsten Angehörigen stark involviert, erst recht bei dem Versäumnis: „Ich wünschte, ich hätte den Mut gehabt, meinen Gefühlen (der Wertschätzung, d. Verf.) Ausdruck zu verleihen" sowie dem Versäumnis Nummer fünf: „Ich wünschte, ich hätte den Kontakt zu meinen Freunden gehalten."

Am Ende des Lebens zählte für ihre Patient*innen meist nur noch eines: wie viel Liebe sie in ihrem Leben geschenkt und erfahren hatten und wie viel Möglichkeiten ihnen noch blieben, an ihrem Lebensende Liebe zu erfahren und zu verschenken. Der weitaus häufigste Grund für Reue, tiefes Bedauern sowie Schuldgefühle war für diese meist recht erfolgreichen und gutsituierten Menschen (die sich aus diesem Grund eine private Betreuerin leisten konnten) die Tatsache, die meiste Zeit ihres Lebens dieser Liebe – zu sich selbst und zu anderen – zu wenig Zeit, Energie und Raum geschenkt zu haben. Einige Zitate:

⇢ „Sag den Menschen, dass du sie liebst. Sag ihnen, dass du sie zu schätzen weißt. Wenn sie deine Ehrlichkeit nicht mögen oder anders reagieren, als du es dir erhofft hattest, ist das egal. Wichtig ist nur, dass du es ihnen gesagt hast."

⇢ „Man verliert sich so leicht in der Geschäftigkeit seines eigenen Lebens und verbringt nicht genug Zeit mit den Menschen, die man liebt, seien es Verwandte oder Freunde. Aber man muss sich den Gedanken abgewöhnen, dass diese geliebten Menschen ewig da sein werden ..."

→ „Gute Freundschaften regen uns an. Die Schönheit einer Freundschaft liegt darin, dass uns unsere Freunde als die nehmen, die wir sind ... Wir müssen unsere Freundschaften pflegen, meine Liebe."[50]

Weshalb hatten jedoch so viele von ihnen die Weichen falsch gestellt?

Offensichtlich, weil sie anderen Zielen – vor allem beruflichem Erfolg – nachgejagt waren. Bronnie Ware, die einfühlsame Pflegerin und Gesprächspartnerin, nahm betroffen, doch ohne zu verurteilen wahr, dass all das, was ihre Schützlinge in „guten Zeiten" für besonders wichtig und wertvoll gehalten hatten, im Angesicht des nahenden Lebensendes keinerlei Wert mehr für sie besaß und ihnen auch keinen Trost mehr gab. Seien es Beruf und Arbeit, seien es materielle Dinge und Genüsse oder sei es die Anpassung an andere Menschen und ihre Erwartungen – all dies entpuppte sich als ungeeignet, um in der letzten Lebensphase ein Gefühl tiefen inneren Friedens zu erwecken. Viele der porträtierten Menschen hätten allen Grund gehabt, stolz und glücklich zu sein angesichts dessen, was sie im Leben erreicht hatten. Sie hätten, äußerlich betrachtet, voller Genugtuung sein können, reich und erfolgreich geworden und gewesen zu sein, Ehen durchgehalten und Kinder großgezogen zu haben. Doch all das nährte ihre Seelen am Ende des irdischen Daseins nicht mehr.

Getrauert wurde um Zeit, die man nicht mit geliebten Menschen, sondern mit scheinbaren Pflichten oder Zerstreuungen verbracht hatte. Getrauert wurde um Konflikte, die man viel zu lange aufrechterhalten hatte, und getrauert wurde um Menschen, denen man viel zu wenig oder viel zu selten gezeigt hatte, wie sehr man sie schätzte und wie dankbar man ihnen war. Der Schmerz, manches nicht mehr nachholen oder wiedergutmachen zu können, zum

....

50   Goldmann, München 2015, S. 172f. und S. 230.

Beispiel Ehepartnern und Kindern gegenüber, war oft sehr heftig. Eine Orientierung am Gebot der Nächstenliebe hätte – möglicherweise – dabei geholfen, die Prioritäten in der eigenen Lebensgestaltung frühzeitiger anders zu setzen. Bronnie Ware machte das Beste und Klügste aus ihrer damaligen beruflichen Herausforderung:

⇢ Sie schenkte den Menschen in jener Zeit, in der sie für sie verantwortlich war, eine uneingeschränkte Haltung der Wertschätzung. Dadurch ermöglichte sie ihnen intensive Erfahrungen mit ihr, aber auch mit sich selbst, die dazu führten, dass etliche von ihnen offenbar noch eine Entwicklung durchmachten und sich zum Schluss versöhnt und dankbar vom Leben verabschieden konnten.

⇢ Sie beschenkte viele weitere Menschen durch die gründliche Reflexion über das von ihr Erlebte, die in einem tief berührenden und höchst anregenden Buch seinen Ausdruck fand.

⇢ Sie beschenkte nicht zuletzt sich selbst mit der Resonanz, die sie für ihre Haltung der Wertschätzung erfuhr, sowie mit der Weisheit, aus dem, was sie gelernt und erfahren hatte, eine Menge an positiven Konsequenzen für ihr eigenes Leben zu ziehen.

5.2 Unbedingte Wertschätzung – das Wesen Gottes im Alten Testament?

Das Alte Testament enthält eine Fülle an Erzählungen aus sehr verschiedenen Epochen, in denen sich verschiedene Gottesbilder widerspiegeln, die nicht immer problemlos miteinander vereinbar sind. Die ersten elf Kapitel des 1. Buch Mose werden als *Urgeschichte* bezeichnet.[51] Dass es sich bei den erzählten Texten

....

51 Die früheste Niederschrift dürfte nicht vor dem 7., eventuell auch 6. Jahrhundert v. Chr. erfolgt sein. Sie wurde in den folgenden drei bis vier Jahrhunderten immer wieder überarbeitet, ergänzt und redigiert.

nicht um historische Ereignisse handelt, sondern um symbolische Darstellungen, haben die Verfasser an vielen Stellen selbst angedeutet, indem sie zum Beispiel zwei Versionen der Schöpfungsgeschichte nacheinander platzierten oder zwei Versionen der Sintfluterzählung teils ineinander woben, teils nebeneinander stellten. Grundsätzlich muss man bei allen wichtigen alttestamentlichen Texten davon ausgehen, dass viele Verfasser zu verschiedenen Zeiten daran mitgewirkt haben.

Interessanterweise wird Gott in der *Urgeschichte* als ein Schöpfer geschildert, der an seine ihm fast ebenbürtigen Geschöpfe, die Menschen, konkrete Erwartungen hat. Das Besondere der Erzählungen liegt in der Aussage, dass Gott den Menschen die Verbundenheit nicht aufkündigt, als sie seine Erwartungen enttäuschen. Drei Texte seien exemplarisch genannt:

⇢ 1. Mose 3,21: In der Geschichte von Adam und Eva, die Gottes Verbot übertreten und vom Baum der Erkenntnis essen, wird deutlich gemacht, dass Gott ihnen einige Konsequenzen ihres Handelns nicht erspart – die beiden müssen nun „jenseits von Eden" leben. Andererseits bestraft er sie jedoch keineswegs, wie ursprünglich angekündigt, mit dem Tod und wendet sich auch nicht von ihnen ab. Im Gegenteil, Gott unterstützt die beiden in ihrer neuen „Entwicklungsstufe", wie eine anrührende Bemerkung beweist: *„Und Gott machte Adam und seinem Weib Gewänder aus Fellen und zog sie ihnen an."* Die fürsorgliche Geste zeigt, dass Gott die neue Situation akzeptiert und sich weder aus der Beziehung zum Menschen noch aus der Mitverantwortung für ihn zurückzieht.

⇢ 1. Mose 4,15: Nachdem Kain entgegen Gottes Warnung seinen Bruder Abel ermordet hat, zieht dies harte Konsequenzen für ihn nach sich: Er verliert unter anderem seine Sesshaftigkeit, muss „unstet und flüchtig" leben. Als Kain Gott darlegt, dass diese Folgen seinen sicheren Tod bedeuten, ist Gott bereit, ihn davor zu beschützen. Eigenhändig versieht er ihn mit einem „Zeichen, dass keiner ihn erschlüge, der ihn anträfe". Gott kündigt Kain seine Wertschätzung nicht auf.

--> 1. Mose 8,21: Als Gott aus Enttäuschung über die „Bosheit" seiner Menschheit beschließt, diese (quasi in einem Anfall „bedingter Wertschätzung") der Vernichtung preiszugeben, verschont er Noah. Der Grund: Noah erfüllt Gottes Erwartungen: „*Noah war ein frommer Mann, unsträflich unter seinen Zeitgenossen; mit Gott wandelte er*" (1. Mose 6,9). Nach der Sintflut jedoch beschließt Gott, mit den Menschen nie mehr so zu verfahren: „*Ich will hinfort nicht mehr die Erde um der Menschen willen verfluchen ... Und ich will hinfort nicht mehr zerstören, was da lebt*". Obwohl sich die menschliche Grundverfassung nicht geändert hat („*... ist doch das Trachten des menschlichen Herzens böse von Jugend auf*"), entscheidet Gott sich erneut für eine Haltung der Wertschätzung, die ihn gewissermaßen vor seinen eigenen Gefühlen schützt (im Alten Testament wird unterstellt, dass auch Gott Zorn und Empörung, Enttäuschung und Reue empfinden kann).[52]

Alle drei Erzählungen verdeutlichen, dass Gott trotz aller Sünde, die Menschen begehen, und trotz aller Schuld, die sein Volk auf sich lädt, den Menschen weder im Stich lässt noch die Verbindung zu ihm abbricht. Allerdings wird diese Haltung der Wertschätzung in der sogenannten „Bundestheologie", die im Alten Testament in späterer Zeit eine sehr zentrale Rolle spielt, wieder auf gefährliche Weise eingeschränkt. Ein „Bund" war ein gegenseitiges Abkommen, in dem beide Partner sich zur Einhaltung bestimmter Vereinbarungen verpflichteten. Das Motto lautete: „*Ihr sollt mein Volk sein und ich will euer Gott sein*" (3. Mose 26,1).

....

52 Man nennt die Tendenz, Gott mit menschlichen Zügen zu versehen, „Anthropomorphismus".

Das traumatische Ereignis des Babylonischen Exils wurde von den führenden Theologen Israels dahingehend interpretiert, dass das Volk gegenüber Gott zu häufig und in zu extremer Form gesündigt, sich also nicht als zuverlässiger Bündnispartner erwiesen hat. Die Katastrophe dieser Verbannung[53] wurde sowohl als Konsequenz eigener politischer Fehler als auch als göttliches Strafgericht interpretiert. Das bedeutete: Aus einer *Haltung der Wertschätzung*, die sich bis dahin in anscheinend unverbrüchlicher Solidarität Gottes mit seinem Volk manifestiert hatte, wurde aufgrund dieser Interpretation des Exils erneut eine *bedingte Wertschätzung* Gottes für sein Volk, ja für alle seine Geschöpfe, abgeleitet.

Eine Bedingung seines Wohlwollens schien nunmehr zu sein, dass der Mensch möglichst korrekt und umfassend Gottes – immer zahlreicher gewordenen – Gebote erfüllte. Da dies jedoch, so die Annahme, immer nur partiell und in unvollkommener Weise möglich war, mussten ständige Tieropfer im wiederaufgebauten Tempel in Jerusalem für eine Art Ausgleich zwischen Schuld und notwendiger „Sühne" sorgen. Es scheint, als ob die Theologen der damaligen Zeit Gott keine Haltung der unbedingten Wertschätzung mehr zutrauten.

5.3 Unbedingte Wertschätzung – das Wesen Gottes in den Worten und Taten Jesu

Jesus lebte nicht nur sehr kurz (sicher ist, dass er keine 40 Jahre alt wurde), sondern er hatte auch wenig Zeit für seine Verkündigung. Folgt man den chronologischen Angaben der ersten drei Evangelisten, so dauerte Jesu öffentliche Wirksamkeit keine zwei Jahre.[54] Was

---

53 Das Babylonische Exil (587–539 v. Chr.) bedeutete unter anderem das Ende der als ewig geglaubten Herrschaft der Daviddynastie in Judäa, verbunden mit der Zerstörung der als uneinnehmbar geglaubten Stadt Jerusalem mitsamt dem Tempel.

54 Das Johannesevangelium weicht davon ab und lässt Jesus länger wirken.

er in dieser kurzen Zeitspanne im Umgang mit seinen Mitmenschen praktizierte und lehrte, spiegelt mit großer Sicherheit das Bild wider, das er von Gott hatte und das er an die Menschen weitergeben wollte. Da er selbst keine schriftlichen Aufzeichnungen hinterließ, haben wir über ihn nur Berichte aus zweiter Hand in Form der vier Evangelien, wobei das Johannesevangelium eine Sonderstellung einnimmt.[55]

Fakt scheint zu sein, dass Jesus bis zu seiner Taufe mindestens drei Jahrzehnte lang unauffällig in seiner Heimatstadt Nazareth als Bauhandwerker und Ältester von sieben Geschwistern lebte und arbeitete. Von einer Familiengründung ist nichts bekannt. Nach seiner Taufe am Jordan durch Johannes scharte er Schüler („Jünger") um sich und zog mit ihnen (vorwiegend in seiner Heimat Galiläa) als Wanderprediger umher. Er verkündete den Menschen, die Herrschaft Gottes sei angebrochen, und scheint sich in Wort und Tat als Verkörperung dieser Botschaft gesehen zu haben.

Spätestens nach seinem Eintreffen in der Hauptstadt Jerusalem machte er sich die dort amtierende politisch einflussreiche Priesterschaft („Sadduzäer") zum Feind. Deren Vertreter bewirkten, dass er vom römischen Präfekten Pontius Pilatus wegen Rebellion gegen die römische Staatsgewalt zum Tod am Kreuz verurteilt wurde. Diese Anklage traf keinesfalls den Kern von Jesu Botschaft. Es gab jedoch mehrere Gründe, weshalb Jesus bei den religiös einflussreichen Gruppen seiner Zeit negatives Aufsehen erregte. Dem „einfachen Volk" scheint er hingegen überwiegend positiv aufgefallen zu sein, vermutlich aufgrund seiner ungewöhnlichen Art und Weise, mit Menschen umzugehen.

Um zu verstehen, was an diesem Umgang so aufsehenerregend und erstaunlich war, sollte man Folgendes wissen: Jesus wuchs in

....

55 Zu den nicht unerheblichen Unterschieden und Widersprüchen zwischen den vier Evangelien vgl. beispielsweise Bart D. Ehrman, Jesus im Zerrspiegel, Gütersloh 2010.

einer Zeit auf, in der die jüdische Religion sich vor allem darauf konzentrierte, ihre Identität durch Abgrenzung aufrechtzuerhalten. Dafür gab es zwei aktuelle Anlässe: Zum einen gewann die „heidnische" griechische Kultur immer mehr Einfluss im Land. Sie war in vielerlei Hinsicht mit den jüdischen Vorstellungen eines frommen Lebens nicht vereinbar. Zum andern wurde die „Provinz Palästina" von den Römern regiert. Diese waren – wie alle Nichtjuden – „Heiden" und missachteten aus jüdischer Sicht in vielfacher Weise die Gebote Gottes. Davon abgesehen war es für strenggläubige Juden nicht hinnehmbar, von Heiden anstatt von einem jüdischen Herrscher regiert zu werden, weshalb es immer wieder zu Aufständen der Juden gegen die römischen Besatzer kam.

Ein entscheidender Fixpunkt im Abgrenzungskampf der frommen Juden war die Unterscheidung zwischen „rein" und „unrein", die seit dem Exil im heidnischen Babylon zunehmend eine wichtige Rolle spielte. Alles Unreine war, kurz gesagt, dadurch charakterisiert, dass es entweder aus der Gottesferne kam oder in die Gottesferne führte. Dadurch war die Möglichkeit, gemäß Gottes Willen zu leben, quasi automatisch massiv eingeschränkt. Für die Frömmigkeit zur Zeit Jesu bedeutete dies:

⇢ Wichtig war die Abgrenzung nach außen, das heißt gegenüber allen Nichtjuden, die als kultisch unrein galten, weshalb auch der Kontakt mit ihnen verunreinigend war und gemieden werden sollte.

⇢ Wichtig war ebenso die Abgrenzung innerhalb der jüdischen Gesellschaft zwischen den besonders Gesetzestreuen (den „Reinen") und jenen, die weniger gesetzestreu waren oder aus unterschiedlichen Gründen vorübergehend oder dauerhaft zu den „Unreinen" gehörten (das waren z. B. Menschen, die mit Blut oder Kadavern zu tun hatten wie Gerber, aber auch an Aussatz Erkrankte, Prostituierte oder Zöllner, die mit den „unreinen" Heiden zusammenarbeiteten). Die auf Reinheit Bedachten mussten folgerichtig den Kontakt mit allen Personen und Substanzen, welche sie verunreinigen konnten, strengstens meiden.

Eine Abgrenzung aufgrund bestimmter Kriterien, anhand derer man Menschen beurteilt, bedeutet in der Regel jedoch, dass sich die eine Gruppe über die andere stellt, was eine wertschätzende Haltung massiv erschwert. Die Distanz der besonders Gesetzestreuen gegenüber „dem Volk" diente dem Schutz der eigenen Person, die durch den Kontakt mit den weniger Gesetzestreuen keine Einbuße an „Gerechtigkeit" erleiden sollte. So verständlich dieser Wunsch war, so war mit dieser Abgrenzung doch auch eine Abwertung, ja Verachtung jener Menschen verbunden, die man als die weniger „Gerechten" ansah.[56] Unbedingte Wertschätzung von Mensch zu Mensch, wie sie in dem Gebot der Nächstenliebe zum Ausdruck kommt, war unter dieser Voraussetzung ohne Zweifel nicht mehr möglich.[57]

Jesus von Nazareth verhielt sich in diesem zentralen Punkt vollkommen anders: Er praktizierte die Haltung der unbedingten Wertschätzung. Damit demonstrierte er in Wort und Tat, dass er dieser Form der Wertschätzung höchste Priorität in der Beziehung zwischen Gott und Mensch und in der Beziehung zwischen Mensch und Mitmensch einräumte. Ihr mussten sich alle anderen Inhalte und Anliegen seiner Religion unterordnen, auch die Frage von Reinheit oder Unreinheit bzw. Sünde oder Gerechtigkeit.

....

56 Der Begriff „gerecht/Gerechter" bedeutet im Alten Testament: Gott und seinem Willen gerecht werden, indem man seine Gebote erfüllt. Das Gegenteil von Gerechtigkeit ist deshalb Sünde/Schuld.

57 Dies war einer der möglichen Gründe, weshalb die Frommen im Gleichnis vom barmherzigen Samariter (Lukas 10,25–37) den Verletzten liegen ließen – der Kontakt mit Blut hätte für sie eine Verunreinigung bedeutet.

Jesus praktizierte die Haltung der Wertschätzung in vielfältigen Formen. Einige Begegnungen zwischen ihm und einzelnen Menschen möchte ich skizzieren, weil sie zeigen, wie fundamental und radikal Jesu Haltung der *Wertschätzung jedem Menschen* gegenüber war, der sich ihm mit einer vertrauensbereiten und respektvollen Haltung näherte.

⇢ Die stadtbekannte Sünderin (Lukas 7,36–50)

Als Jesus bei einem vornehmen frommen Mann eingeladen war, der zu jener Gruppe (Pharisäer) gehörte, die größten Wert auf Abgrenzung von allen unreinen Personen legte, kam eine „stadtbekannte Sünderin" ins Haus und salbte Jesus mit einer teuren Salbe die Füße ein. Mit ihrer Berührung verunreinigte sie nach damaligem Verständnis Jesus. Dieser ließ sie gewähren und stellte seinen Gastgeber, dessen abfällige Blicke ihm nicht entgingen, energisch zur Rede. Er lobte die Liebestat der Frau und entließ sie mit den Worten *„Dir sind deine Sünden vergeben."* Wertschätzend war nicht nur die Bereitschaft Jesu, die ihm erwiesene Wertschätzung vonseiten der Frau zu achten und anzunehmen, obwohl er vermutlich zugeflüstert bekam, dass es sich bei ihr um eine Prostituierte handelte. Wertschätzend war auch, dass er sie verteidigte und ihr damit eine Würde und einen Wert gab, den sie in den Augen der Frommen nicht haben konnte – schon gar nicht vor Gott. Doch nicht nur der Frau, sondern auch seinem Gastgeber gegenüber verhielt Jesus sich wertschätzend, indem er dessen Einwände nicht einfach ignorierte, sondern ernst nahm und darauf kritisch reagierte.

⇢ Der hohe Zollbeamte (Lukas 19,1–10)

Ein wohlhabender Zollbeamter wollte Jesus sehen, vielleicht auch gern kennenlernen. Aufgrund seines Berufs galt er als unrein und konnte nicht darauf hoffen, von Jesus auch nur eines Blickes gewürdigt zu werden. Da er klein war, kam er auf die Idee, auf einen Baum zu klettern. Von dort konnte er Jesus, wie er glaubte, aus sicherem Versteck beobachten, als dieser mit seinen Jüngern nach Jericho hereinwanderte. Jesus aber nahm ihn nicht nur wahr, sondern begrüßte ihn mit Namen und teilte ihm mit, dass er bei ihm, dem Zöllner, zu Gast sein wolle. Er erwies Zachäus die ungeheure Wertschätzung, dessen persönliches Interesse zu erwidern (ihn anzunehmen) und sich von der Barriere der Unreinheit nicht daran hindern zu lassen, bei ihm einzukehren (ihn in seinem Interesse an Jesus ernst zu nehmen). Dies löste bei Zachäus eine höchst positive Resonanz aus.

⤍ Die Ehebrecherin (Johannes 8,1–11)

Eine beim Ehebruch ertappte Frau wurde zu Jesus gebracht, verbunden mit der Frage, wie er über sie urteilen würde. Auf Ehebruch stand die Strafe der Steinigung, doch offenbar rechnete man bei Jesus mit einer anderen Stellungnahme. Jesus nahm sich zunächst eine gedankliche Auszeit („Er bückte sich und schrieb mit dem Finger im Sand"), dann forderte er die Umstehenden auf: *„Wer von euch ohne Sünde ist, werfe den ersten Stein."* Alle gingen schweigend weg, so wird berichtet, Jesus aber blieb solidarisch bei der beschämten und gedemütigten Frau stehen.

Als die beiden allein waren, gab er ihr eine doppelte Botschaft mit: *„Ich verurteile dich nicht. Aber begehe diese Sünde nicht mehr!"* Hier zeigt sich, dass unbedingte Wertschätzung (er nahm die Frau an) durchaus mit einer Aufforderung zur Veränderung verbunden sein kann. Jemanden zu lieben, wie er oder sie ist, bedeutet nicht, sich mit diesem Status quo in jedem Fall abzufinden. Es besteht immer auch die Möglichkeit, dem anderen zuzutrauen, dass er sich in diesem oder jenem Punkt weiterentwickeln kann (Ernstnehmen). Doch die Haltung der Wertschätzung ist von dieser Veränderung nicht abhängig!

⇢ Der reiche junge Mann (Matthäus 19,16–22)

Ein reicher junger Mann kam zu Jesus und fragte ihn, was er tun müsse, um ewiges Leben zu erlangen. Jesus wies ihn auf die wichtigsten Gebote hin, die das Zusammenleben der Menschen regeln, worauf der Fragesteller behauptete, all diese Gebote zu halten. Die Reaktion Jesu auf diese kühne Aussage spiegelt in doppelter Hinsicht eine erstaunliche Haltung der Wertschätzung. Zum einen respektierte er diese Aussage und zog sie nicht in Zweifel (= Annehmen). Zum andern lesen wir: *„Und Jesus sah ihn an und wertschätzte (liebte) ihn."* Er begegnete dem jungen Mann mit besonderer Achtsamkeit, er nahm seine Suche ernst. Die Konsequenz, die Jesus daraus zog, ist allerdings überraschend: Er antwortete mit einer enormen Herausforderung: „Verkaufe alles, was du hast, gib den Erlös den Armen und folge mir nach!" Der junge Mann konnte – oder wollte – dem nicht Folge leisten, er verabschiedete sich traurig.

Wertschätzend war, dass Jesus sich nicht scheute, einen für sein Gegenüber offenbar äußerst schwierigen Punkt anzusprechen. Auch wenn er den Mann damit im Moment überforderte (er war jung!), setzte er möglicherweise eine innere Entwicklung bei ihm in Gang, die zu einem späteren Zeitpunkt Früchte tragen konnte. Zu Jesu Bild eines bedingungslos wertschätzenden Gottes gehörte demnach auch, dass er den Menschen die unbequeme Wahrheit auch dann zumutete, wenn er damit auf Ablehnung oder Kritik stieß.

⇢ Die blutende Frau (Markus 5,26–34)

Der Kontakt mit Blut machte unrein, deshalb waren Frauen, die Unterleibsblutungen hatten, egal, aus welchem Grund, in der Zeit dieser Blutungen unrein, ja sie waren selbst für ihre Ehemänner „tabu". Unreinheit bedeutete automatisch den Ausschluss vom Tempelgottesdienst, das heißt: von der Gemeinschaft der Gläubigen.

Eine mit chronischen Blutungen seit vielen Jahren geplagte Frau wagte nicht, Jesus um Heilung zu bitten, versprach sich aber von der Berührung seines Gewandes eine heilende Wirkung. Da sie wusste, dass sie ihn mit ihrer Berührung verunreinigte, nutzte sie das Gedränge der Menge und fasste heimlich sein Obergewand an. Überraschenderweise bemerkte Jesus die Berührung, blieb stehen und fragte in die Menge hinein, wer ihn soeben berührt hätte. Er habe gespürt, dass Energie von ihm ausgegangen sei! Schließlich meldete sich die Frau mit Zittern und Zagen. Jesus erwies ihr eine ungeheure Wertschätzung, indem er sie nicht tadelte, sondern sie ganz im Gegenteil für ihr Vertrauen und ihren Mut ausdrücklich lobte. Die kultische Barriere der Reinheit oder Unreinheit spielte für ihn keine Rolle.

⇢ **Der römische Hauptmann (Matthäus 8,5–13)**
Zur Zeit Jesu war Palästina eine römische Provinz, von den Römern mit eiserner Hand kontrolliert, denn die Juden galten dank ihrer Religion als besonders aufsässig. Dementsprechend verhasst war das römische Militär bei der jüdischen Bevölkerung. Dennoch wagte es ein römischer Hauptmann, bei Jesus vorzusprechen und ihn um Heilung eines kranken Knechts (oder Sklaven) zu bitten. Jesus erwies ihm doppelte Wertschätzung, indem er zum einen öffentlich das enorme Vertrauen lobte, das dieser Hauptmann in ihn setzte, und indem er zum anderen seine Bitte erfüllte, ohne irgendeine Bedingung zu stellen (Annehmen). Naheliegend wäre gewesen, dass Jesus versucht hätte, den Römer zu belehren und ihm klarzumachen, mit wem er es eigentlich zu tun hatte. Doch Jesus respektierte die ausgesprochen militärisch geprägte Vorstellung, die jener Soldat von ihm und seiner Macht hatte (Ernstnehmen), und betonte, dass er sich an dessen Vertrauen orientierte – und an nichts anderem.

All diese Begegnungen haben eines gemeinsam: Jesus praktizierte die Haltung der unbedingten Wertschätzung gegenüber Personen, die nach damaligem jüdischen Glauben damit auf keinen Fall rechnen konnten. Für ihn standen offensichtlich der Mensch und seine Würde, sein Wert sowie sein innerstes Bedürfnis im Vordergrund. Deshalb hatten die damals als unumstößlich geltenden religiösen Schranken für ihn keinerlei Relevanz, denn sie hätten ihn in seiner Haltung der unbedingten Wertschätzung massiv behindert. – Diese auffallende Konstante in Jesu Art und Weise, mit Einzelpersonen umzugehen, weist darauf hin, dass in Jesu Gottesbild die Haltung der unbedingten Wertschätzung eindeutig vorherrschend war.

⇝ **Allerdings hatte auch bei Jesus die Haltung der Wertschätzung ihre Grenzen.**

⇝ Zu Jesu Bild eines wertschätzenden Gottes gehörte dazu, dass er in zahlreichen Gleichnissen und öffentlichen Reden den Menschen ein letztes Gericht nach dem Tod ankündigte, in dem Gott den Menschen mit seinem vergangenen Leben konfrontiert. Gerade weil Gott jeden Menschen wertachtet, so Jesu Argumentation, kann er es nicht hinnehmen, wenn Menschen es an dieser Achtung und Wertschätzung dem Nächsten gegenüber fehlen lassen und Schwäche oder Abhängigkeit brutal ausnutzen. Denn dadurch fügen sie Menschen Schaden und Leid zu oder zerstören gar ihr Leben. Es muss, so offenbar Jesu Überzeugung, dafür eine Form des Ausgleichs in der Ewigkeit geben!

⇝ Auch Jesu Haltung der Wertschätzung war auf Resonanz angewiesen. Immer wieder erfuhr er Ablehnung und Zurückweisung – und zog daraus die Konsequenzen. Als er in seiner Heimatstadt predigte und die Bewohner derart gegen sich aufbrachte, dass sie ihn töten wollten, verließ er die Stadt und hat sie vermutlich nie wieder betreten (Lukas 4,16–30). Auch wird berichtet, dass er dort aufgrund mangelnden Vertrauens wenige Heilungen bewirken konnte (Markus 6,6). Den Bürgern von Jerusalem attestierte er, dass sie sich seiner Botschaft verschlossen hätten: „Ich wollte euch sammeln, wie eine Henne ihre Küken schützend unter ihre Flügel holt, aber ihr habt nicht gewollt" (Matthäus 23,37). Ebenso lesen wir, dass Jesus seine Jünger anwies, auf Ablehnung nicht mit Hass und Rachegedanken zu reagieren, sondern „den Staub von den Füßen zu schütteln", sprich: seelisch und räumlich auf Distanz zu gehen (Matthäus 10,14).

6 Wertschätzung in unserer Gesellschaft – im Schwinden begriffen?!

> *„Jener Mann war ungerecht, der von seinem winzigen Haus sagte:*
> *‚Ich baue es, um darin meine wahren Freunde aufzunehmen ...‘*
> *Denn was dachte er eigentlich von den Menschen, dieser Griesgram!*
> *Wenn ich ein Haus für meine wahren Freunde bauen wollte,*
> *könnte es nicht groß genug sein. Denn ich kenne keinen Menschen*
> *auf der Welt, von dem nicht ein Teil, und sei er noch so gering*
> *oder flüchtig, mein Freund wäre."*
>
> ANTOINE DE SAINT-EXUPÉRY[58]

Es gibt viele Gründe, sich mit dem Thema der Wertschätzung zu befassen. Doch ich habe auch einen Anlass, dieses Buch zu schreiben: Mir fällt auf, dass Wertschätzung und Respekt in unserer Gesellschaft, wie ich sie erlebe, einen deutlichen Schwund erleiden. Mit dieser Einschätzung (!) bin ich nicht allein. Während ich an meinem Buch arbeitete, kam in der Wochenzeitung DIE ZEIT ein alarmierender Artikel von Axel Hacke mit dem schlichten Titel „Anstand"[59]. Schon die Tatsache, dass das Wort fast ausgestorben ist und einen eher spießigen Anklang hat, muss zu denken geben.

Hacke betont eindringlich, dass das, was er unter Anstand versteht, für unser Zusammenleben schlichtweg unentbehrlich ist. „An-

58 Antoine de Saint-Exupéry, Die Stadt in der Wüste, Übersetzung aus dem französischen Original von Beate Maria Weingardt. – Alle Rechte vorbehalten.
59 Kurz darauf folgte sein gleichnamiges Buch.

ständig sein bedeutet ... Rücksicht auf andre zu nehmen, und zwar gerade auch dann, wenn einem nicht unbedingt danach zumute ist", schreibt er. „Sich nicht selbst in den Vordergrund zu stellen, sondern zu bedenken, dass andere Menschen nicht weniger Rechte im Alltag und im Leben haben als ich ..."[60] Damit spricht er einen entscheidenden Punkt in der Haltung der Wertschätzung an, nämlich dem anderen Raum zu geben, das heißt: seine Bedürfnisse zu achten.

6.1 Erziehung – das Kind wird mit dem Bade ausgeschüttet

Kein Zweifel – noch in der frühen Nachkriegszeit (also bis über die Mitte des 20. Jahrhunderts hinaus) waren Drill und Druck, zur Not auch körperliche Bestrafung, weithin verbreitete, ja gängige Mittel, Kindern bestimmte Werte sowie Ge- und Verbote zu vermitteln. Man forderte von ihnen, Regeln einzuhalten, Grenzen zu respektieren und Erwachsenen mit Respekt zu begegnen. Leider gingen die Erwachsenen ihnen gegenüber jedoch häufig nicht mit gutem Beispiel voran. Demütigungen und Überforderungen, Missachtungen und Beschämungen waren sowohl in der Kindererziehung als auch in öffentlichen Einrichtungen wie Schulen oder später in Lehrverhältnissen gang und gäbe. Wie aber soll ein Kind Wertschätzung lernen, wenn mit ihm selbst nicht wertschätzend umgegangen wird?

Hier ist ein erfreulicher Bewusstseinswandel eingetreten, auch ausgelöst durch die Erziehungsdebatten der 70er-Jahre (Stichwort: „antiautoritäre Erziehung"). Doch das Pendel schlägt nun in die andere Richtung. Kinder lernen heute schon früh, dass *ihre* Wünsche und Bedürfnisse sehr ernst genommen werden und dass *sie* jede Menge Rechte haben. Allerdings fehlt das Gegengewicht: Kinder sollten ebenso lernen, die Bedürfnisse und Wünsche der

....

60   ZEIT online, 23.8.2017.

Erwachsenen ernst zu nehmen und deren Rechte zu respektieren, denn Wertschätzung darf nicht einseitig sein. Ebenso wie Kinder das Recht haben, Grenzen zu ziehen und zu erwarten, dass diese Grenzen respektiert werden, muss ihnen auch vermittelt werden, dass Erwachsene Grenzen ziehen dürfen, und dass sie, die Kinder, diese Grenzen zu achten und einzuhalten haben.

An dieser Erziehung zu Wertschätzung, Respekt und Empathie fehlt es in vielfältiger Weise, wobei ich noch einmal betone, dass häufig auch die Vorbilder der Erwachsenen nicht sehr hilfreich für Kinder sind. Wenn Kinder beobachten, wie respektlos ihre Eltern mit anderen Menschen, beispielsweise mit Lehrern, umgehen, dann kann man ihnen nicht ernsthaft vorwerfen, dass sie diese Respektlosigkeit übernehmen und nachahmen.

Doch Wertschätzung und Einschätzung müssen verbunden sein. Einschätzung setzt Empathie voraus. Wer sich nicht die Mühe macht, sich in die Bedürfnisse eines Kindes zu versetzen, die in vieler Hinsicht von jenen der Erwachsenen deutlich verschieden sind, der projiziert entweder seine eigenen Bedürfnisse auf das Kind und macht aus ihm damit einen „kleinen Erwachsenen". Oder er erkennt nicht, dass es die Aufgabe des Erwachsenen ist, hinter den lauthals geäußerten Wünschen die tieferliegenden unbewussten Bedürfnisse wahrzunehmen, die ein Kind von sich aus noch nicht artikulieren kann.

Hier ist in erster Linie das Bedürfnis nach Orientierung zu nennen. Es bedeutet, dass das Kind Bezugspersonen hat, die ihm Anerkennung und Geborgenheit schenken, ihm aber auch entsprechend ihrer Einschätzungskompetenz klare Grenzen ziehen und verlässlich reagieren, wenn diese Grenzen überschritten werden. Es ist faszinierend zu beobachten, wie genau Kinder beobachten, ob ein Erwachsener ihrem Druck tatsächlich standhalten und ihnen Widerstand bieten kann oder ob ihre Bezugspersonen eine Art „Gummiwand" bilden, gegen die das Kind anrennen kann, ohne Konsequenzen zu erleben, die es ernst nehmen muss.

Die Enkel meiner Freundin sind es gewohnt, zuhause zwar mit Worten jede Menge Anweisungen zu erhalten und Grenzen gesetzt zu bekommen. Doch ihre Erfahrung ist gleichzeitig, dass nichts für sie Schmerzliches geschieht, wenn sie diese Anweisungen und Grenzen missachten. Weist die Mutter sie beispielsweise an, ihr Zimmer aufzuräumen, und sie tun dies nicht, so geschieht nichts. Die Kinder machen die Erfahrung, dass sie die Signale der Eltern nicht ernst nehmen müssen.

Kommen sie hingegen zu Besuch zu meiner Freundin, so wissen sie, dass Oma und Opa sich ihre Wünsche anhören, aber dennoch so entscheiden, wie sie als Großeltern es für richtig halten. Die Kinder nehmen wahr, dass die Großeltern sie ernst nehmen und auf ihre Bedürfnisse häufig eingehen, dass Oma und Opa umgekehrt aber auch erwarten, von ihnen ernst genommen zu werden. Sie erleben, dass die Erwachsenen tun, was sie ankündigen, und es nicht hinnehmen, wenn ihre Anweisungen oder Entscheidungen von den Enkeln nicht respektiert werden. Ganz offensichtlich ist der konsequentere Erziehungsstil der Großeltern eine Umstellung für die Enkel – doch ebenso offensichtlich ist, dass sie sich bei den beiden sehr wohlfühlen und es auffallend wenig Diskussionen und Streit gibt. Die Kinder dürfen Kinder sein und benehmen sich dennoch – oder gerade deshalb! – durchaus vernünftig und empathisch. Die klare Linie (es gibt Regeln, auf deren Einhaltung Wert gelegt wird) mutet den Kindern zwar manches zu, was sie von zuhause nicht gewohnt sind, gibt ihnen andererseits aber Sicherheit und vereinfacht sowie entspannt das Zusammenleben für alle Beteiligten – Erwachsene und Kinder – enorm.

Die Wertschätzung von Kindern muss – und das ist vielen Eltern nicht klar – immer auch implizieren, dem Kind einen klaren Spielraum abzustecken, anstatt ihm eine Freiheit und Grenzenlosigkeit zuzumuten, mit der es hoffnungslos überfordert ist. Kinder, die diese Spielräume bekommen, können sich mühelos auch in andere Umgebungen und andere Gemeinschaften einfügen. Denn ihr Sinn für Empathie und Wertschätzung kann sich nur in Beziehungen entwickeln, in denen auf sie eingegangen wird. In solchen Beziehungen wird ihnen aber auch abverlangt, von sich abzusehen und einfühlsam anstatt ichbezogen mit anderen umzugehen.

Ein Jugendlicher, der es von Kindheit an gewohnt war, im Zweifelsfall gegenüber den Eltern seinen Willen durchzusetzen, machte nach der höchst schwierigen Schullaufbahn (mit mehreren Schulwechseln) eine Lehre. Immer wieder beklagte er sich zuhause, er würde gemobbt und hätte gute Lust, alles hinzuwerfen. Da er es nicht gelernt hatte, sich einzufügen und anzupassen, bekam er von Kollegen und Vorgesetzten gelegentlich harsche Rückmeldungen. Indem der junge Auszubildende dieses Feedback als Mobbing bezeichnete, machte er sich zum „Opfer", anstatt sich anzustrengen, den Erwartungen seiner Umgebung besser gerecht zu werden.

Was Vater und Mutter ihm jahrelang erspart hatten, nämlich sich in einen vorgegebenen Rahmen einzufügen und Anordnungen zu befolgen, musste er nun mühsam lernen. Mit seiner Drohung, die Lehre abzubrechen, versetzte er die Eltern regelmäßig in Angst und Schrecken, wussten sie doch nicht, wie es dann mit dem jungen Mann weitergehen sollte und wo sie ihn noch unterbringen könnten.

Es handelt sich hier um eine „Fehlsozialisierung", für die der junge Mensch eigentlich nicht viel kann. Entscheidend ist, dass ihm in Kindheit und Jugend von den Eltern offenbar zu wenig Einfügung und Respekt abverlangt wurden. Stattdessen wurden ihm allzu häufig die Konsequenzen seines egozentrischen und respektlosen Verhaltens erspart, indem die Eltern immer wieder neue „Lösungen" fanden, um ihm aus der Patsche zu helfen. Sie waren meist mit irgendwelchen Abschieden verbunden, wodurch der Junge indirekt lernte, dass man bei Schwierigkeiten am besten „die Flucht ergreift", anstatt an sich selbst, respektive an einer Einigung, zu arbeiten. Auf diese Weise können weder Durchhaltevermögen noch Belastbarkeit und Einschätzungskompetenz trainiert werden!

6.2 Stress und fehlende Wertschätzung

Warum ist der Umgang miteinander im öffentlichen Raum so oft von fehlender Wertschätzung gekennzeichnet? Einer der Hauptgründe ist die Tatsache, dass ein Großteil der Mitmenschen unter subjektiv empfundenem Stress leidet.[61] Das englische Wort „Stress" bedeutet, unter Spannung oder Druck zu stehen. Egal, ob es sich bei den Ursachen um eigene Gedanken und Gefühle handelt oder um Signale und Anforderungen aus unserer Umwelt – sie führen dazu, dass die Alarmreaktion des Körpers aktiviert wird. Da Stressauslöser vom Gehirn zunächst stereotyp als „Bedrohung an Leib und Leben" interpretiert werden, ist die Reaktion darauf ebenfalls sehr stereotyp. Diese Reaktion, vom autonomen Nervensystem gesteuert, wird „Kampf-Flucht-Reaktion" genannt, weil sie den Organismus optimal dafür ausrüstet, im Interesse des Überlebens zu kämpfen oder zu flüchten.

Abgesehen von den damit verbundenen einschneidenden körperlichen Veränderungen sind auch deutliche mentale und emotionale Veränderungen unter starkem Stress zu beobachten. Sie bewirken, dass unsere geistige und seelische Flexibilität massiv eingeschränkt und unser Verhaltensspielraum unter hohem Stress extrem verengt ist. Der Mensch hat – natürlich unbewusst – nur noch ein Ziel: „Ich will mich durchsetzen, ich will mein Ziel erreichen, und zwar so schnell wie möglich, um mich wieder in Sicherheit fühlen und entspannen zu können!" Verständlicherweise hat Stress deshalb einschneidende Auswirkungen auf die Fähigkeit und Bereitschaft, Wertschätzung zu praktizieren. Sie ist aus mehreren Gründen deutlich reduziert:

....

61 Mehr zum Thema Stress und seine Auswirkungen in meinem Buch „Was die Seele bewegt, bewegt auch den Körper", SCM R. Brockhaus Verlag, Witten.

⇢ Stress verengt die Wahrnehmung.

Zwar ist der Mensch dank der Stresshormone erhöht wachsam, doch ist er andererseits darauf fixiert, die für ihn selbst wichtigen Signale rasch zu erkennen und richtig zu interpretieren. Die Wahrnehmung und das Denken werden egozentrischer und lassen nur noch ins Bewusstsein, was dem eigenen (Überlebens-)Interesse dient. Wertschätzung erfordert hingegen die Fähigkeit, eigene Bedürfnisse und Impulse zurückzustellen, um auch die Signale des Gegenübers wahrzunehmen und richtig zu interpretieren. Die Wahrnehmungsverengung unter Stress lässt dies nicht zu.

⇢ Stress erschwert oder verhindert komplexere geistige Operationen.

Unter starkem Stress greift der Mensch auf schon Gelerntes oder Gespeichertes zurück, entwickelt aber keine neuen Ideen oder Verhaltensprogramme. „Not macht erfinderisch" gilt nur für gemäßigte emotionale Anspannung. Wenn man unter hohem Druck steht, wird das höhere Denkvermögen eher gelähmt, man ist „wie vor den Kopf geschlagen", „durch den Wind", „völlig von der Rolle", „neben der Kappe" – schon die Menge der Redewendungen zeigt, dass der Zustand als äußerst problematisch wahrgenommen wird.

⇢ Stress zehrt an den Kräften und führt zu Ungeduld sowie Aggressivität.

Man kann sich leicht vorstellen, dass es enorme Kraft kostet, unter Stress zu leben. Dem Druck muss standgehalten werden, egal, ob er aus dem eigenen Inneren oder aus der Umwelt kommt. Da die Energievorräte des Menschen nicht unerschöpflich sind, nimmt nicht nur die Geduld in der Regel bei starker innerer Anspannung ab (was sich besonders im Feierabendverkehr beobachten lässt, wenn müde Menschen möglichst schnell nach Hause kommen möchten). Damit zusammenhängend, steigt auch die Bereitschaft, mit Aggression zu reagieren, wenn Mitmenschen sich nicht so verhalten, wie man es gerne hätte. Die Kraft, ihnen dennoch mit Respekt und Freundlichkeit oder Toleranz zu begegnen, fehlt.

⇢ Stress blockiert Empathie.

Empathie ist eine sehr anspruchsvolle geistige Aktivität, die Bewusstsein und Willenskraft erfordert. Den anderen verstehen zu wollen, nachzuempfinden, was in ihm vorgeht, zu erspüren, was er braucht, auch wenn er es vielleicht nicht äußern kann, und einzuschätzen, wie er reagieren wird – das alles kostet Energie und verlangt hohe Konzentration sowie die Fähigkeit, vorübergehend die eigenen Probleme vollkommen zurückzustellen. Wenn diese aber, wie im Fall der Stresssituation, gewaltigen Druck ausüben, ist ein solches Von-sich-Absehen nicht mehr möglich. Die Neigung, das Gegenüber mit allzu schnellen Lösungen und Kommentaren, mit Floskeln und Allgemeinplätzen abzuspeisen, wächst.

Auch wenn Stress in einem gewissen Umfang selbstverständlich zum Leben dazugehört und wir selten die optimale Dosierung von Druck und Spannung in der Hand haben, sollte uns klar sein, dass Stress in zu hoher Konzentration eine Haltung der Wertschätzung erschwert, ja in vielen Fällen ein „Wertschätzungskiller" ist.

6.3 Leistungsorientierung und fehlende Wertschätzung

Die Reduktion des Menschen auf seine Funktion oder Leistung hat in unserer Gesellschaft teilweise erschreckende Ausmaße angenommen. Zum einen fällt auf, dass die Schere zwischen dem Bedarf an bestimmten Berufen einerseits und der Wertschätzung dieser Tätigkeiten andererseits immer weiter auseinandergeht. Man denke an sämtliche Pflegeberufe, sei es in Kliniken, Altenheimen oder bei

Diakoniestationen, in denen eine immer größere Anzahl von pflegebedürftigen Menschen auf immer weniger Pflegende trifft. Es ist erfreulich, wenn Menschen anderer Nationen, auch Geflüchtete, bereit sind, als Pflegekräfte bei uns zu arbeiten (wobei dies häufig nicht wirklich freiwillig geschieht), doch ändert dies nichts an der Tatsache, dass der Pflegeberuf sich äußerst geringer Wertschätzung erfreut – es sei denn, man wird selbst zum Pflegebedürftigen, der nun seinerseits praktizierte Wertschätzung erwartet.

Zum anderen klaffen bei den Facharbeiter- sowie Handwerksberufen der Bedarf an Fachkräften und die Bereitschaft junger Menschen, einen handwerklichen Beruf zu ergreifen, eklatant auseinander. In beiden Fällen sehe ich mindestens zwei nachvollziehbare Gründe für diese Diskrepanz:

- Berufe, die vorwiegend mit körperlicher oder manueller Arbeit verbunden sind, genießen ein eher geringes Ansehen und werden in der Regel auch nicht besonders gut honoriert, was ein Merkmal geringer gesellschaftlicher Wertschätzung ist.
- Tätigkeiten, die ein akademisches Studium voraussetzen, erfreuen sich von vornherein hohen Ansehens, versprechen eine geringere körperliche Belastung und sind meist auch mit höherer Entlohnung verbunden.

Diese beiden Gründe führen dazu, dass Eltern immer mehr und teilweise immer verbissener (man denke an die „Nachhilfeindustrie" in unserem Land!) danach streben, ihren Kindern einen höchstmöglichen Bildungsabschluss zu ermöglichen, damit ihnen anschließend eine akademische Ausbildung offensteht. Ihr Streben ist verständlich und gut gemeint, doch führt es auch dazu, dass Kindern sehr früh die Botschaft vermittelt wird: „Je erfolgreicher du in der Schule bist, desto wertvoller bist du!" Das Kind wird dabei in äußerst belastender Form auf seine schulische Leistungsfähigkeit reduziert. Es macht die Erfahrung, dass die Wertschätzung, die die Eltern ihm entgegenbringen, in hohem Maß von seiner kognitiven

Leistung samt den entsprechenden Benotungen abhängt. Andere Talente werden demgegenüber oft wenig geschätzt, geschweige denn entfaltet und gefördert – es sei denn, die Schule kümmert sich auch darum.

Eine im Sommer 2017 veröffentlichte Studie der DAK kommt zu dem alarmierenden Ergebnis, dass immer mehr deutsche Schulkinder über eine hohe seelische Belastung klagen, häufig verbunden mit psychosomatischen Problemen. Dabei ist der Stress für Mädchen, die ihre Pflichten sehr ernst nehmen, offenbar größer oder aber sie sind sich ihrer psychischen Anspannung eher bewusst. Auf jeden Fall war der Prozentsatz gestresster Schülerinnen deutlich höher als der Prozentsatz gestresster Schüler.

Auch ein Artikel der Tübinger Lokalpresse vom Herbst 2017 berichtet, dass die Zahl der Kinder und Jugendlichen, die wegen schwerer psychischer Probleme und Störungen stationär in der Psychiatrie behandelt werden müssen, alarmierend angestiegen ist. Einer der Gründe: „Viele Jugendliche stehen unter erhöhter Stressbelastung."[62]

Doch erwachsene Arbeitnehmer leiden ebenso in hohem Maß darunter, im Beruf auf ihre Leistungsfähigkeit reduziert zu werden. Die Erfahrung, auch als Mensch mit seinen Stärken und Schwächen, seinem Engagement und seinen Bedürfnissen individuell wahrgenommen zu werden, wird vielen Männern und Frauen zunehmend seltener zuteil. Sie fühlen sich nicht selten ausgepresst wie Zitronen und dementsprechend nach Feierabend auch ausgebrannt. Man spricht von einer „Ökonomisierung der Beziehungen": Der Mensch als Einheit von Körper, Geist und Seele wird nicht mehr gesehen. Stattdessen wird er reduziert auf seine

----

62 So Prof. Tobias Renner, Leiter der Tübinger Kinder- und Jugendpsychiatrie; Artikel im Schwäbischen Tagblatt vom 10. Oktober 2017. Möglicherweise ist auch eine deutlich gesunkene Belastbarkeit junger Menschen eine Mitursache.

Funktion, seinen Nutzen, seine Kosten – er ist ein Pflegefall, ein Sozialfall, ein Fall fürs Arbeitsamt, ein Kostenfaktor usw.

Problematisch ist, dass Menschen, die selbst durch viele Pflichten und Aufgaben unter Druck stehen, diesen Druck an ihre Mitmenschen weitergeben, indem sie sie auf ihre Funktion reduzieren. Der Gestresste muss funktionieren, also müssen auch die anderen funktionieren.

Ein Arzt erzählte mir, dass eine berufstätige Mutter mit ihrem Kind, das Brechdurchfall hatte, frühmorgens in seine Praxis stürmte mit den Worten: „Tun Sie etwas, so krieg ich mein Kind in der Kita nicht los!" Das Kind durfte nicht krank sein, weil die Mutter sich unter Druck fühlte (oder setzte), ihrer Rolle im Beruf den Vorrang vor ihrer Rolle als Mutter zu geben!

6.4 Ichzentrierung als Wertschätzungshindernis

Wer vor allem um sich selbst kreist, kann nicht wirklich aufmerksam und einfühlsam anderen Menschen begegnen. Ihm entgehen ihre Befindlichkeit, ihre Hoffnungen, Erwartungen, Kümmernisse und vieles mehr. Selbst die Körpersprache wird oft nicht sensibel registriert. Die Folge: Man kommuniziert mit ichbezogenen Personen und fühlt sich hinterher, als ob man nicht wirklich wahrgenommen worden wäre. Als ob der andere, im Bild gesprochen, den Blick nicht von sich selbst wenden konnte, um *uns* anzuschauen. Als ob wir für ihn austauschbar gewesen wären. Dementsprechend empfinden wir auch das Verhalten dieser Menschen häufig als zerstreut oder abwesend. Man spürt das nur gespielte oder oberflächliche Interesse. Bedeutet doch das Wort „Interesse" wörtlich: „dazwischen sein" – womit gesagt sein soll, dass man eben nicht „ganz bei sich" ist, sondern sich dem anderen zuwendet.

Mein Vater erzählte mir im fortgeschrittenen Alter, als seine Gesundheit zunehmend nachließ, dass er auf die Frage „Wie geht's?"

die Antwort bereithielt: „Zu 90 Prozent gut!" Dann beobachtete er, wie das Gegenüber reagierte. Je weniger interessiert oder je ichbezogener die Person war, desto eher erfolgte eine beruhigte oder beschwichtigende Antwort („Das ist doch nicht schlecht!" – „Da kann man zufrieden sein!" – „Ja, so ist das in unserem Alter!" etc.), die deutlich machte, dass der Fragesteller eigentlich keine genaueren Informationen wünschte. Erfreulicherweise reagierten jedoch auch etliche Menschen – sinngemäß – mit der Frage: „So, und was ist mit den restlichen 10 Prozent?" Daraufhin konnte er individuell entscheiden, wie detailliert er auf die Nachfrage einging.

Ichzentrierung erschwert aber nicht nur wertschätzendes Verhalten, sondern auch schlichte Einschätzungskompetenz. Erfordert doch Einschätzung die Fähigkeit, von sich selbst abzusehen, um möglichst scharf etwas anderes – oder jemand anderen – ins Auge fassen zu können. Gleiches gilt für das Hören. Man denke an einen Chor: Wer nur der eigenen Stimme hingerissen lauscht, hört nicht, ob er im Gleichklang mit den anderen Stimmen singt. Deshalb muss jeder, der mit anderen zusammen singt, die eigene Lautstärke so modulieren, dass er sowohl sich selbst als auch die übrigen Stimmen um sich herum wahrnimmt und ein Abweichen von der Melodie sofort korrigieren kann.

Wenn ich mit meiner kleinen Enkelin beim Autofahren Lieder hörte und begeistert mitsang, bemerkte ich, wie sie ärgerlich wurde und die Lust am Singen verlor. Nach einigem Nachdenken (das Kind war noch zu jung, um sich der Ursache bewusst zu sein und sie mir mitteilen zu können) wurde mir klar, was der Grund für ihre Reaktion war: Sie empfand meine Stimme als zu dominant und hörte sich selbst nicht mehr! Ich nahm also die eigene Lautstärke zurück, um ihrer zarten Kinderstimme mehr Gehör zu verschaffen – schon war sie wieder mit Freude bei der Sache.

Doch Einschätzungskompetenz bedeutet auch, sich zu überlegen, was für einen Eindruck man mit seinem Verhalten beim anderen hinterlässt. „Mit fremden Menschen nimmt man sich zusammen, da merkt man auf, da sucht man seinen Zweck in ihrer Gunst ...", heißt es bei Goethe[63] und er deutet damit an, dass man selbstkontrollierter agiert im Beisein von Fremden. Heute ist man oft versucht zu sagen: „Ach, wenn dem doch so wäre!" Stattdessen unterscheiden Menschen häufig nicht mehr, ob sie in Gesellschaft Fremder sind, in vertrautem Kreise oder gar allein – sie verhalten sich so, wie es ihnen gerade einfällt und gefällt, ohne Rücksicht auf die Umgebung. Das ist manchmal sehr belastend, oft überaus peinlich und bar jeden Feingefühls. Nicht selten ist es aber auch schlichtweg selbstschädigend, zu wenig darüber nachzudenken, wie das eigene Verhalten, die eigenen Reaktionen auf die Mitmenschen wirken.

Ein äußerst engagierter Universitätsdozent erzählte mir, dass er an seine besten Studenten und Studentinnen einige wenige, sehr interessante Praktikumsplätze zu vergeben habe. Einen solchen Platz angeboten zu bekommen, sei eine Auszeichnung und eine große Chance zugleich. Auf meine Vermutung, diese Plätze seien sicher extrem begehrt, antwortete er: „Von wegen! Manche Studierenden lehnen sie aus völlig banalen Gründen ab – die sind so ichbezogen, denen ist überhaupt nicht klar, dass man manche Angebote im Leben nur einmal bekommt. Und erst recht ist ihnen nicht bewusst, dass sie für mich damit aus jeder weiteren besonderen Förderung rausfallen. Wenn jemand so wenig wertschätzt, dass ich mich für ihn verwende ... – aber so weit denken diese jungen Erwachsenen gar nicht. Denn sie sind es gewöhnt, dass ihre Eltern ihnen alle Kastanien aus dem Feuer holen und sie keine Suppe auslöffeln müssen, die sie sich eingebrockt haben!"

Dieser Hochschullehrer macht deutlich, dass Ichzentrierung und fehlende Empathie langfristig negative Konsequenzen haben.

---

63   „Torquato Tasso", 3. Aufzug, 3. Auftritt.

Menschen, die einem eigentlich gut gesonnen sind, ziehen sich zurück. Freundliche Bekannte oder Freunde, die durchaus bereit waren zu Hilfe und Unterstützung, stellen ihr Engagement ein, weil sie zu wenig aufgeschlossene und wertschätzende Reaktionen erleben. Die Toleranz und Nachsicht von Arbeitgebern oder Kollegen und Kolleginnen wird überstrapaziert, sodass sie irgendwann ihre Solidarität stillschweigend aufkündigen und danach trachten, den ichbezogenen, nur auf den eigenen Vorteil bedachten Mitarbeiter baldmöglichst loszubekommen.

Selten ist diese Ichbezogenheit den Betreffenden bewusst, was die Entwicklungen nur noch dramatischer macht. Solche Menschen wundern – und beklagen – sich meist darüber, dass sich Mitmenschen zu wenig Zeit für sie nehmen oder sich immer wieder nach anfänglichem Interesse von ihnen zurückziehen. Tragisch ist: Die Ursache – dass sie die Menschen mit ihrem eigenen Verhalten in die Flucht schlagen, weil sie unfähig sind, wertschätzend mit ihnen umzugehen – erschließt sich ihnen nicht. Sie könnten sie erkennen, wenn sie von sich selbst absehen, sich in andere einfühlen und darüber nachdenken würden, was ihren Mitmenschen im Umgang mit ihnen über kurz oder lang Probleme bereitet.

In der Regel sind bei ausgeprägt ichbezogenen Menschen gleich mehrere der Fähigkeiten, die zu einer Haltung der Wertschätzung gehören, nur in rudimentärer Form oder überhaupt nicht entwickelt. Sei es, dass jemand nichts anderes gelten lässt als die eigene Meinung, sei es, dass jemand recht schnell brüsk oder aggressiv wird, wenn man ihm widerspricht oder Kritik übt. Sei es, dass jemand zu wenig Lob und Anerkennung äußert, stattdessen allzu schnell kritisiert, urteilt und verurteilt. All diese menschlichen Defizite führen unweigerlich dazu, dass eine Haltung der Wertschätzung für die Umwelt nicht erkennbar ist, weshalb sie auf Abstand geht.

6.5 Angst vor Einschränkung durch Bindung und Verbindlichkeit

Ich komme noch einmal auf Michael Nasts Buch „Generation Beziehungsunfähig" zurück. Er schildert darin in schonungsloser Offenheit, dass die Tendenz zur Ichbezogenheit mit einer Haltung der Wertschätzung praktisch nicht in Einklang zu bringen ist. Wenn man danach strebt, von anderen Menschen in erster Linie Bestätigung und Bewunderung zu bekommen, so hat das zur Folge, dass man diese Menschen nicht mehr als Gegenüber mit eigenen Bedürfnissen wahrnimmt. Stattdessen instrumentalisiert man sie für die eigene narzisstische Sucht. Dies verhindert, dass man aufgeschlossen und resonanzsensibel ist. Es fällt auf, dass Nast (geboren 1975) vor allem den Männern seiner Generation bescheinigt, sich partnerschaftlich nicht mehr festlegen zu wollen. Denn Bindung bedeutet auch Einschränkung und Verpflichtung, der Entscheidungsspielraum wird enger, eine neue Reifestufe im Leben beginnt.

Der deutsch-amerikanische Psychologe Erik Erikson (1902–1994) sah in den 60er-Jahren die Bereitschaft, sich verbindlich auf einen anderen Menschen einzulassen, noch als Herausforderung des frühen Erwachsenenalters an. Er beschrieb sehr deutlich, was geschieht, wenn dieser Stufe ausgewichen wird: „Wenn ein junger Mensch eine solche intime Beziehung zu anderen (...) in der späteren Jugendzeit oder frühen Erwachsenenzeit nicht fertigbringt, wird er sich entweder isolieren oder bestenfalls nur sehr stereotype und formale zwischenmenschliche Beziehungen aufnehmen können (...) oder er muss sie in wiederholten Anläufen und häufigen Misserfolgen immer neu suchen."[64] Seine klaren Worte sind ernst zu nehmen, auch wenn der Schritt, sich verbindlich, das heißt mit dem Ziel einer Partnerschaft, auf einen Menschen einzulassen, heute vielfach nicht

....

64 Erik Erikson, Identität und Lebenszyklus, Suhrkamp, Frankfurt 1966/1979, S. 115.

mehr ins frühe, sondern eher ins spätere Erwachsenenalter verlegt wird.

Michael Nast beobachtet an sich selbst und anderen: „Je älter man ist, desto schwieriger wird es auch, sich auf jemanden voll und ganz einzulassen. (...) Man will Verletzungen vermeiden."[65] Damit wird deutlich, dass hinter der notorischen Verweigerung einer verbindlichen Beziehung auch die Angst steckt, angreifbar und infrage gestellt zu werden. Dazu kommt, dass man, je länger man solche Beziehungen scheut, umso anspruchsvoller und realitätsferner wird, was potenzielle Partner anbelangt. Die tägliche Herausforderung in einer Partnerschaft besteht ja darin, die Grenzen des anderen nicht nur wahrzunehmen, sondern auch anzunehmen, ja: anzuerkennen als einen Teil seiner unverwechselbaren Persönlichkeit. Es ist die Übung, eine „Wertschätzung als Haltung" zu entwickeln und zu pflegen. Wer aber schon Schwierigkeiten damit hat, die eigene Unvollkommenheit zu akzeptieren (Stichwort „Selbstoptimierung"), dem fällt es auch immer schwerer, Defizite und Schwächen an anderen zu akzeptieren.

Dazu kommt, dass bei allen eingegangenen Verbindungen im Zeitalter von Internet schnell der Gedanke aufkommt: „Warum sollte ich mich mit dem Suboptimalen begnügen, wo es doch irgendwo in meinem Umfeld möglicherweise das Optimale gibt?!" Auch hier kann eine Wertschätzung weder als Gefühl lange Zeit bestehen, geschweige denn sich als Haltung längerfristig entwickeln. Nasts Diagnose macht auch deshalb so betroffen, weil er sich selbst zu der Gruppe zählt, die er beschreibt. Es sind Menschen, denen offenbar zunehmend die Fähigkeit abhandenkommt, nicht nur kurz-, sondern längerfristig wertschätzend mit Menschen umzugehen, die man sich vertraut gemacht hat.

Der daraus folgende Mangel an stabilen und verlässlichen

....

65   A. a. O., S. 55.

Beziehungen erklärt, weshalb für solche Zeitgenossen die Herkunftsfamilie oft sehr wichtig ist. Sie ist eine Resonanzachse, für die sie so gut wie nichts tun müssen, die ihnen stattdessen ohne großes Engagement immer schon zur Verfügung stand und steht. Wer sich jedoch bewusst mit der eigenen Herkunftsfamilie auseinandersetzt, dem wird deutlich, dass es bei aller Dankbarkeit für das, was Eltern und Großeltern einem mitgegeben haben (und bei aller selbstverständlichen Vertrautheit mit Geschwistern), für die eigene Entwicklung unerlässlich ist, auch tiefe Verbindungen mit Menschen einzugehen, die nicht zur Familie gehören.

Denn gerade durch deren Nichtvertrautheit, ihr „Fremdsein", nötigen sie uns zur Arbeit an uns selbst – an unseren Überzeugungen und Vorurteilen, unseren Gewohnheiten im Denken und Verhalten, unserer Vertrauensbereitschaft und vielem mehr. Freund*innen, erst recht Partner*innen, eröffnen uns völlig neue Perspektiven auf das Leben, auf den (Mit-)Menschen und auf uns selbst. Sie erlauben uns, uns selbst von anderen Seiten kennenzulernen, spiegeln sie uns doch Facetten unseres Wesens wider, die von Familienmitgliedern entweder nicht wahrgenommen, nicht ernstgenommen oder nicht geschätzt werden, weil andere Erfahrungen, Interessen und häufig Rivalitäten (vgl. Kapitel 4.5) im Spiel sind.

In meiner Jugend sinnierte ich oft über eine Liedzeile von Janis Joplin: „Freedom's just another word for nothing left to lose"[66] – zu Deutsch: „Freiheit ist nur ein anderes Wort dafür, dass man nichts hat, was man verlieren könnte". Ich fand diese kritische Definition von „Freiheit" erstaunlich und sehr ehrlich, weil sie die Kehrseite der Medaille beleuchtet: Menschen, die um ihrer Freiheit willen Verbindlichkeit und damit Einschränkung scheuen, versäumen es, „stabile Resonanzachsen" in ihrem Leben zu etablieren. Die aber würden ihnen auch dann noch zur Verfügung stehen, wenn die Zeiten

....

66   Die Zeile stammt aus dem Lied „Me and Bobby McGee".

vorbei sind, in denen man nach der Devise leben kann: „Heute hier, morgen dort, bin kaum da, muss ich fort …"[67]. Denn nicht alles, was man versäumt, lässt sich rechtzeitig nachholen, wie die Gespräche Bronnie Wares mit Sterbenden deutlich machen (siehe Kapitel 5.1).

Auch die optimistischen Schlussworte des Philosophen Peter Sloterdijk im zweiten Band seiner „Kritik der zynischen Vernunft" haben ihre Grenzen: „Schlechte Erfahrungen weichen zurück vor den neuen Gelegenheiten. Keine Geschichte macht dich alt …"[68] Sloterdijk wollte damit Mut machen, nicht „im Banne der Wiederholung" zu verharren. Möglicherweise macht es nicht „alt", immer wieder Beziehungen abzubrechen und neue Kontakte zu suchen (obwohl es zweifellos viel Energie kostet), doch es macht unter Umständen zunehmend einsam. Davor schützen keine punktuellen Resonanzerfahrungen – hier ein netter Kontakt oder eine anregende Begegnung, dort ein gutes Gespräch oder eine Vereinsbekanntschaft –, sondern nur stabile und „wetterfeste" Verbindungen mit Menschen, die wir uns dank einer Haltung der Wertschätzung langsam und geduldig vertraut gemacht haben.

6.6 Handys und Wertschätzung

Wertschätzung light

Auf den ersten Blick sieht es so einfach aus: Durch das Handy haben sich unsere Möglichkeiten, ständig und überall mit allen zu kommunizieren, enorm erweitert. Dadurch sind auch die Gelegenheiten, wertschätzende Rückmeldungen via Mobiltelefon zu bekommen, extrem gewachsen: „Likes" werden verteilt, Emoticons großzügig gestreut, Fotos mit den immer gleichen Lobesworten kommentiert und dank unablässig hin- und her wandernder

....

67 Hannes Wader, 1972.
68 Frankfurt/Main 1983.

Botschaften per WhatsApp hat man auch ständig das Gefühl, beachtet zu werden. Doch ist dies alles mit Wertschätzung gleichzusetzen?

Ich denke, hier erliegen viele eifrigen Nutzer oder „community"-Mitglieder einer Illusion. Die „Wertschätzung light", die in Form von Rückmeldungen aller Art in inflationärer Frequenz ausgetauscht wird, hat keinen nachhaltigen „Nährwert". Denn sie dient nicht wirklich der gegenseitigen Anerkennung, sondern vielmehr dem Bedürfnis, sich zum einen nicht zu langweilen und sich zum anderen durch kommentierende Beurteilungsaktionen wichtig (anstatt unbedeutend) zu fühlen. Jeder kann sich äußern und zu Wort melden, egal, wie kompetent er oder sie in einer Sache ist. Dem Geltungsbedürfnis sind keine Grenzen gesetzt.

Es ist verständlich, dass Menschen den Wunsch nach Anerkennung auch über das Medium des Mobiltelefons zu befriedigen versuchen. Erschreckend ist jedoch, dass viele Handybenutzer zwischen echter Resonanz und Pseudoresonanz offenbar nicht mehr unterscheiden können. Mit „Pseudoresonanz" meine ich eine Form der Reaktion, der keine wirkliche Empathie, geschweige denn eine ernsthafte geistig-seelische Beschäftigung mit dem Gegenüber vorausgeht. Es sind im Grunde Kommunikationsinhalte, die nach dem Schema „Wie geht es dir? – Gut! Und dir? – Prima, na denn, tschüss!" ablaufen. Man hat voneinander Notiz genommen, doch von Begegnung kann keine Rede sein. Man hat einander signalisiert, dass man sich wahrnimmt, doch die Flüchtigkeit dieser Wahrnehmung – meist erkennbar an der Kurzform der Botschaften, falls sie überhaupt noch in verbaler Form und nicht nur noch in Bildern stattfinden – lässt keine intensivere, ernsthafte Form der Resonanz zu. Ich möchte diese Form von Kontakten nicht abwerten, sie kann ja durchaus Spaß machen und Langeweile vertreiben, doch ich vermute, dass sie mit einer Haltung echter Wertschätzung nichts zu tun hat. Echte Wertschätzung sucht und benötigt den persönlichen Kontakt und das persönliche Gespräch.

Wie kommt es, dass diese schlichte Tatsache einer Menge Menschen offenbar nicht klar ist? Die einfachste Erklärung dürfte in den Lebensbedingungen liegen, denen wir unseren Gehirnaufbau verdanken. Dieser Aufbau ist, ebenso wie unser Körperbau, seit mindestens 100 000 Jahren im Wesentlichen unverändert.[69] Er stammt aus einer Zeit, in der der Mensch in kleinen, überschaubaren Gruppen lebte und niemals allein war, denn allein auf sich gestellt hätte er nicht überleben können. Vermutlich gab es für unser Gehirn deshalb keine Notwendigkeit, die Fähigkeit zu entwickeln, aktiv Beziehungen zu suchen und zu gestalten.

Die Folge: Wir sind entweder darauf angewiesen, dass diese stabilen Beziehungen einfach da sind, ohne dass wir etwas dafür tun müssen (wie es beispielsweise in der Großfamilie, früher auch im Dorf oder Stadtteil, wo jeder jeden kannte, der Fall war bzw. ist). Oder wir müssen aktiv darüber nachdenken, wie wir solche stabilen Beziehungen – vor allem in Form von Freundschaften – in unserem Leben finden und gestalten können. Das Smartphone erspart uns dieses Nachdenken, denn die Möglichkeiten, sich ohne große Mühe Resonanz zu verschaffen, sich gar als Mitglied diverser „communities" zu fühlen, sind groß. Doch sie haben einige bemerkenswerte und bedenkliche Kehrseiten.

Fake und Facebook statt Face to face

Michael Nast nimmt kein Blatt vor den Mund: „Es ist ja so: Die meisten von uns führen praktisch ein Doppelleben. Sie bewegen sich in zwei Welten, in der realen und der virtuellen Welt. Auf den Displays unserer Smartphones nehmen wir die Welt durch Filter wahr. Filter, die Facebook, Instagram oder Tumblr heißen und unseren Blick

---

69 Dass sich, beispielsweise durch exzessiven Handygebrauch, einige Kleinareale wie das motorische Areal des „Wischdaumens" leicht vergrößern, ändert nichts an der Grundausstattung.

verzerren. Auf sozialen Netzwerken wird man mit den Höhepunkten verschiedener Leben überschüttet, als würde man sich Fotoalben ansehen. (...) In den sozialen Netzwerken zeigen wir uns nicht, wie wir sind, wir zeigen uns, wie wir gesehen werden möchten. Wir stellen uns dar. Wir inszenieren uns."[70] Das ist die eine Seite. Soziale Netzwerke erlauben eine permanente Selektion dessen, was man den anderen von sich präsentiert – und eine ebenso permanente Selbstdarstellung. Die Folge ist, dass Menschen häufig nicht mehr unterscheiden können zwischen dem Image, das sie nach außen abgeben (möchten), und ihrem „authentischen" Ich. Das Problem ist: Wer sein Leben derart inszeniert, weiß auch bei der Resonanz, die er bekommt, nicht mehr, wem sie eigentlich gilt – ihm selbst oder der Show, die er darbietet, und dem Image, an dem er ständig poliert?

Hier beobachtet Nast (vor allem bei jungen Frauen), „dass vielen ihre Natürlichkeit verloren gegangen ist. (...) Als würden sie sich selbst spielen, ohne dass es ihnen wirklich auffällt. Verunglückte Schauspieler ihrer selbst. Wir pflegen unsere Fassade, wir kultivieren eine Rolle. In sozialen Netzwerken, im Arbeits- und im gesellschaftlichen Leben. Die Tragik ist, dass wir vor allem in unserer Rolle Bestätigung und Anerkennung erleben, also über unsere Fassade, die mit uns selbst nichts zu tun hat. So gesehen befinden wir uns in einem andauernden Prozess der Selbstentfremdung. Bis wir irgendwann nicht mehr zwischen unserer Rolle und unserer Identität unterscheiden können."[71]

Der Übernächste wird wichtiger als der Nächste

Eine weitere allerorten zu beobachtende Veränderung der Beziehungen ist dank Smartphone zu beobachten: Es wird nicht mehr laut telefoniert, stattdessen sitzen immer mehr Menschen stumm

---

70 Nast, a. a. O., S. 222f. Ich zitiere ihn, weil ich selbst an diesen Netzwerken
    bewusst nicht partizipiere – auch aus Gründen der enormen Zeitersparnis.
71 Nast, a. a. O., S. 229f.

nebeneinander – selbst Ehepaare oder Familien mit Kindern im Restaurant – und starren auf ihr jeweiliges Display. Einziger „Austausch": Man zeigt sich hin und wieder etwas, was dort zu sehen ist, oder macht kurze Bemerkungen dazu. Von einem Gespräch ist dies alles weit entfernt. Zum anderen sind viele junge, aber auch ältere Personen kaum mehr in der Lage, sich voll und ganz auf einen leibhaftig anwesenden Gesprächspartner zu konzentrieren, weil unablässig der Status des Handys „gecheckt" werden muss. Es liegt in der Regel in Hör- und Sichtweite. Kommt eine Meldung oder ein Bild rein? Dann muss unverzüglich nachgeschaut werden, wer der Absender ist, eventuell auch, worum es sich dreht. Erst nach entsprechender Kontrolle wird weitergeredet.

Dass hier die Aufmerksamkeit ständig nicht nur unterbrochen, sondern abgelenkt wird, liegt auf der Hand. Man ist gedanklich immer wieder „wo anders" und braucht Zeit, um sich – wenn überhaupt – erneut auf das Gegenüber einzustellen. Tiefergehende Gespräche sind dadurch extrem erschwert, denn oft beschäftigt einen die gerade gelesene Botschaft mehr als das, was der körperlich anwesende Mensch mitteilt. Der Impuls, sofort auf eine Meldung zu reagieren, muss unterdrückt werden, was zusätzlich psychische Energie kostet. Wertschätzung als eine Haltung der konzentrierten Zuwendung und Aufmerksamkeit, des ungestörten Interesses am anderen wird immer seltener praktiziert, da das Smartphone ständig griffbereit ist. Ich vermute, dass den meisten Menschen, die ihr Handy Tag und Nacht mit sich führen und auch nicht mehr ausschalten, nicht bewusst ist, wie sehr die permanente Bereitschaft, sich ablenken und unterbrechen zu lassen, von ihrem Gegenüber als Mangel an Interesse und echter Wertschätzung empfunden wird.

Bei einer Fortbildung für Erzieherinnen zum Thema „Wertschätzung" sprach ich über dieses Thema. Da brach es aus einer Teilnehmerin heraus: „Jetzt ist mir klar, weshalb ich immer so deprimiert und wütend aus den Besprechungen mit meinem

Vorgesetzten hinausgehe: weil er ständig nebenher mit seinem Handy hantiert und sich mir überhaupt nicht konzentriert zuwendet!"

Ich war perplex – zum einen, dass es Vorgesetzte gibt, die sich ein solch missachtendes Verhalten erlauben (was, wie ich inzwischen weiß, nicht selten vorkommt), zum andern, dass der Frau erst jetzt bewusst wurde, wie sehr sie sich dadurch missachtet gefühlt hatte.

Auch bei Kindern beobachte ich immer wieder, wie sie mit bekümmerter Miene neben ihren telefonierenden Müttern oder Vätern sitzen oder hertrotten. Nicht, dass ein Kind ständig im Fokus der Aufmerksamkeit stehen sollte, doch wenn die Handynutzung im Vordergrund steht, wird das Kind zur Nebensache – und das spürt es sehr wohl und empfindet es als frustrierend.

Hilfreich ist auch hier, die „Goldene Regel" zu beachten („Behandle andere so, wie du behandelt werden willst"): Macht es mir Freude, mit jemandem zu reden, dessen Aufmerksamkeit ich mit dem Handy teilen muss? Empfinde ich es als wertschätzend, wenn mein Gegenüber unser Gespräch unterbricht, sobald das Smartphone irgendeine Veränderung meldet? Doch auch selbstkritische Fragen sollte man nicht scheuen: Benötige ich die permanente Kommunikationsbereitschaft via Handy möglicherweise, weil es mir an stabilen Resonanzachsen in meinem Leben mangelt und ich mich der ständigen Aufmerksamkeit und Zuwendung anderer versichern muss, um mich wertvoll zu fühlen?

6.7 Einige Beispiele für den Schwund der Wertschätzung im öffentlichen Leben

„Wir leben heute in einer Kultur der Nichtanerkennung", urteilt der renommierte Göttinger Hirnforscher Gerald Hüther.[72] Ich möchte,

---

72 Zitiert in SWR2 Glauben, „Das Ja zum Sein – Anerkennung als Lebensgrundlage" von Doris Weber. Sendung vom 7.2.2010

ihm zustimmend, präzisieren: Wir leben in einer Kultur vergessener oder nicht mehr gelernter Wertschätzung. Barbara Strohschein[73] spricht vom geradezu epidemischen „Leiden an Entwertung" in unserer Gesellschaft. Noch konkreter in Bezug auf den alltäglichen Umgang der Menschen formuliert Axel Hacke: „Es schwappt seit einer Weile nicht bloß eine Woge der Anstandslosigkeit um die Welt – es tobt ein Ozean."[74] Einige stichwortartige Beobachtungen dazu meinerseits sollen keineswegs den Eindruck erwecken, dass „früher alles besser" war, sondern veranschaulichen, was ich mit praktizierter Wertschätzung in unserer Gesellschaft meine.

⇢ Wenig Wertschätzung für fremdes Eigentum und öffentliche Räume.

Die Vermüllung des öffentlichen Raums nimmt zu. Es gehört zur Rücksicht gegenüber der Umwelt, dass man Orte und Räume so hinterlässt, wie man sie vorgefunden hat – angefangen von Toiletten über Bahnabteile bis hin zu Mietwohnungen. Damit drückt man nicht nur eine Haltung der Wertschätzung gegenüber seinen Mitmenschen, sondern auch gegenüber fremdem oder öffentlichem Eigentum aus. Diese Haltung wird zunehmend seltener, unabhängig vom Bildungsgrad.

⇢ An Dank wird gespart.

„Der Undank ist immer eine Art Schwäche. Ich habe nie gesehen, dass tüchtige Menschen wären undankbar gewesen", schrieb Johann Wolfgang von Goethe im Jahr 1823.[75] Sollte er recht haben, so hat die Anzahl der (geistig? moralisch?) schwachen Menschen

....

73   „Die gekränkte Gesellschaft", Riemann Verlag, München 2015.
74   A. a. O. Wie sehr er vielen damit aus dem Herzen spricht, zeigt der Erfolg seines im Herbst 2017 erschienenen Buches zu diesem Thema, das es auf Anhieb in die Bestsellerlisten schaffte.
75   Maximen und Reflexionen, Frankfurt 1976, S. 45.

beträchtlich zugenommen, denn ein ausdrücklich geäußerter Dank ist nicht mehr selbstverständlich.

⤳ Kritik wird geäußert, doch an Lob wird gespart.

Eigentlich müsste es selbstverständlich sein, dass man, beispielsweise in einem Restaurant oder bei irgendeiner Form der Dienstleistung, sich nicht nur beklagt, wenn etwas nicht nach Wunsch ausfiel, sondern auch Anerkennung äußert für das, was zur vollsten Zufriedenheit war. Doch häufig wird das Gute als selbstverständlich angesehen, verbunden mit einem Anspruch an absolute Mängelfreiheit. Darin zeigt sich nicht nur ein Mangel an Einschätzungskompetenz – schließlich ist niemand perfekt, auch nicht in seiner Arbeit –, sondern ebenso ein Mangel an Reflexion und Wertschätzung, denn „selbstverständlich" ist für den, der nachdenkt, nichts auf dieser Welt.

Zugegeben – aus Sicht des Gehirns wäre es in der Tat Energieverschwendung, etwas, das „in Ordnung" ist, extra ins Bewusstsein zu holen. Friert es uns beispielsweise, so meldet das Gehirn dies pausenlos, um uns vor Erkrankungen oder dem Erfrieren zu bewahren. Sind wir wieder im Warmen, wird die neue Situation in Form eines kurzen Glücksgefühls registriert („Endlich nicht mehr diese Kälte!"), sodann wendet sich das Gehirn unverzüglich den nächsten Aufgaben und Problemen zu, die es zu bearbeiten gibt. Die Konsequenz: Wer intensiv und für längere Zeit genießen oder sich freuen möchte, muss seine Großhirnrinde aktivieren. Dort ist der Sitz des Bewusstseins. Mit anderen Worten: Nur durch Nachdenken können wir erreichen, den eingebauten Sparmodus unseres Gefühlshirns – „Das Positive ist nicht der Rede wert, schließlich droht ja keine Gefahr für Leib und Leben (mehr)" – zu überwinden und das Positive ebenso ausdrücklich mitzuteilen wie das, was uns stört.

⇢ Menschen fragen im öffentlichen Raum ihre Mitmenschen nicht mehr: „Stört es Sie, wenn ich ...?"

Nachfragen und Rücksprache als Form der Rücksichtnahme werden seltener. Man „macht einfach mal" nach dem Motto: „Was gehen mich die anderen an?" Besonders auffällig ist diese Haltung, wenn es um die Lautstärke geht, in der Menschen miteinander kommunizieren. Es scheint ihnen entweder nicht bewusst oder aber gleichgültig zu sein, dass sie jede Menge Fremde an ihren persönlichen Gesprächen unfreiwillig Anteil nehmen lassen.

⇢ Keine Absagen mehr bei Reservierungen.

Wenn Menschen sich einen Termin geben oder sich etwas reservieren lassen und es sich dann anders überlegen, verzichten sie immer häufiger darauf, den Termin bzw. die Reservierung wieder abzusagen. Motto: „Die werden schon merken, wenn ich nicht komme!"

⇢ Keine Entschuldigung mehr, wenn man die Gebote der Höflichkeit verletzt hat.

Wer rücksichtsvoll mit seinen Mitmenschen umgeht, drückt sein Bedauern aus, wenn er es aus irgendeinem Grund an dieser Rücksicht fehlen ließ. Die Bereitschaft dazu ist rückläufig, egal, an welchen Orten.

⇢ Menschen werden in ihrer beruflichen Funktion nicht respektiert.

Männer und Frauen in bestimmten Funktionen wie Lehrer, Polizisten, Richter, Beamte, aber auch Schiedsrichter oder Journalisten werden immer häufiger Opfer von gewalttätigen Angriffen, Beleidigungen, Drohungen usw. Der deutsche Innenminister Thomas de Maizière wies wiederholt eindringlich darauf hin, dass der Mangel an Respekt gegenüber Menschen, die qua Amt eine gewisse Autorität haben sollten, in erschreckendem Maße zunimmt.

In einem offenen Kommentar beklagten die Redakteur*innen der Tübinger Lokalpresse vor einiger Zeit, dass sie nach Berichten oder Kommentaren immer häufiger das Opfer unflätiger Leserbriefe oder Mails würden. Beleidigende Anreden nähmen ebenso zu wie Unterstellungen, Beschimpfungen und Drohungen. Dies wohlgemerkt in einer Stadt mit extrem hoher „Akademikerdichte"!

⇢ **Generelle Respektlosigkeit gegenüber Grenzen und Vorschriften.**

Bei einer Fortbildung für Mitarbeiter eines renommierten Stuttgarter Museums erzählten die Angestellten, dass das Fotografierverbot in diversen Ausstellungsräumen immer häufiger missachtet würde. Wenn sie die Besucher darauf hinwiesen, müssten sie im harmlosesten Fall mit Uneinsichtigkeit, im schlimmsten Fall mit unverhohlener Aggressivität rechnen. Ein Besucher habe einem Museumswächter vor Wut den Fotoapparat ins Gesicht geschleudert.

Wertschätzung konkret

[...]
Leg mein Gesicht frei, mach mich schön,
wer löst die Maske, wird mich finden,
ich hab Gesichter, mehr als zwei.
Augen, die tasten sich durchs Blinde,
Herzen aus Angst vor Angst gelähmt.
Leg mein Gesicht frei, [...] mach mich schön.
[...]
Leg mein Gesicht frei, mach mich schön,
wer lässt die Maske, wird gefunden
und wird sich selbst wie neu verstehn
und leben, nackt und unumwunden,
von nichts und niemandem gelähmt.
Leg mein Gesicht frei, [...] mach mich schön.

HUUB OOSTERHUIS (GEB. 1933)[76]

7.1 Wie kann man Wertschätzung ausdrücken?

Leider ist er früh gestorben, der sympathische Physiklehrer, dem ich eine unvergessliche Unterhaltung bei einer Klassenwanderung verdanke. Wir – beide Schwaben – sprachen über die Möglichkeiten der schwäbischen Sprache, Liebe auszudrücken. Kritisch stellte ich fest, dass sich in unserem Dialekt nicht sagen lässt „Ich liebe dich!", allenfalls könne man sagen „Ich mag dich!" Die kategorische Antwort meines Lehrers lautete: „Mögen tut man Spätzle!"[77] – Womit

....

76 Aus: Huub Oosterhuis, Du Atem meiner Lieder. 100 Lieder und Gesänge.
    © 2009 Verlag Herder GmbH, Freiburg im Breisgau.
77 Auf Schwäbisch: „Meega duat ma Spätzla" – Spätzle sind eine
    Art selbstgemachte schwäbische Nudeln, welche die bevorzugte
    „Sättigungsbeilage" zu Fleischgerichten bilden.

er signalisieren wollte, dass das Verb „mögen" für das, was er unter Liebe verstand, viel zu schwach war.

Immer wenn ich meine schwäbischen Landsleute darauf hinweise, dass wir uns mit der Kommunikation von Wertschätzung und Zuneigung sehr schwertun, ernte ich Überraschung, manchmal auch Verlegenheit. Den meisten ist diese „Spracharmut" nicht bewusst und in dem weitverbreiteten Sprichwort „Nicht geschimpft ist genug gelobt"[78] wird sogar noch versucht, aus dieser Not eine Tugend zu machen. Doch auch der Dialekt, erst recht die Hochsprache, erlauben es durchaus, seiner Wertschätzung verbalen Ausdruck zu verleihen. Mancher mag sich damit begnügen, darauf zu hoffen, dass die eigene Körpersprache genügend wertschätzende Signale sendet – doch Körpersprache ist kein Ersatz für gesprochene Sprache.[79]

Ebenso kann man hoffen, dass der andere doch einfach „spüren" möge, wie sehr wir ihn oder sie schätzen. Warum aber sollten wir gerade dann wortkarg sein, wenn es um das Wertvollste geht, was wir einander sagen können? Nicht zuletzt kann man versuchen, Worte der Wertschätzung durch materielle Zuwendungen zu ersetzen. Doch der stumm überreichte Blumenstrauß ist niemals ein Ersatz für klare Worte der Wertschätzung. Auch Liebesdienste, so wertvoll sie sind, sollten nicht als Ersatz für liebevolle Worte angesehen werden.

„Sage den Menschen, die du lieb hast, immer wieder, dass du sie lieb hast. Auch alte und kluge und mächtige Menschen hungern nach einem gütigen Wort!", las ich einmal – und ich bin überzeugt davon: Der Verfasser hatte recht. Doch Worte der Anerkennung und Wertschätzung zu finden ist nicht immer einfach. Wir müssen üben, sie genauso selbstverständlich in unseren Alltag einzubauen wie Wünsche, Bitten, Befehle oder Worte der Kritik!

....

78   Schwäbisch: „Net gschempft isch gnuag g'lobt".
79   Dazu mehr in meinem Buch „Faszination Körpersprache",
     SCM R. Brockhaus-Verlag, Witten.

Im Folgenden werden ein paar einfache Formulierungsvorschläge gemacht, die als Anregung dienen können. (Ein kleiner Tipp: Versuchen Sie, wenigstens einmal pro Tag einen Menschen in Ihrem Umfeld mit einem verbalen Wertschätzungssignal zu beglücken!)

Dankbarkeit

- ⇨ „Ich danke dir sehr.“
- ⇨ „Ich bin Ihnen sehr dankbar, dass Sie …“
- ⇨ „Ich bin so froh, dass du …“
- ⇨ „Wie kann ich Ihnen danken?“

Bewunderung

- ⇨ „Ich bewundere Ihre Fähigkeit …“
- ⇨ „Ich bewundere, wie du …“
- ⇨ „Es ist einfach beeindruckend, wie du …“
- ⇨ „Ich kann nur staunen darüber, wie Sie …“
- ⇨ „Hut ab, wie du es geschafft hast …“
- ⇨ „Mein Kompliment, dass Sie …“

Anerkennung eines Verhaltens, einer Leistung oder einer Fähigkeit

- ⇨ „Ich finde es ganz prima, dass Sie …“
- ⇨ „Es war wichtig, dass du …“
- ⇨ „Mein Respekt, wie du …“
- ⇨ „Sie haben die wunderbare Gabe …“
- ⇨ „Darin bist du einfach gut!“
- ⇨ „Wie du das gemacht hast – alle Achtung!“
- ⇨ „Es zeichnet dich aus, dass du …“
- ⇨ „Ich bin immer wieder begeistert, wie du …“
- ⇨ „Ich schätze es sehr, dass Sie …“

Wertschätzung eines konkreten Wesenszugs

→ „Du hast eine ganz besondere Fähigkeit …"

→ „Ich genieße es, dass du so … bist."

→ „Es macht mir immer wieder Freude, wie … du bist!"

→ „Dass du so … bist, das liebe ich an dir!"

→ „Ich schätze es, wie du …"

→ „Es ist für mich immer wieder eine große Hilfe, dass du …"

→ „Deine … ist ein großes Geschenk für mich."

**Wertschätzung eines Menschen in seinem „So-Sein"
oder „Da-Sein"**

→ „Ich fühle mich einfach wohl in deiner Nähe."

→ „Ohne dich wäre mein Leben viel ärmer!"

→ „Sie erleichtern mir mein Dasein!"

→ „Was täte ich ohne Sie?!"

→ „Es ist schön, dass es dich gibt."

→ „Du bist ein echter Lichtblick für mich!"

→ „Sie sind ein Schatz!"

→ „Du bist sehr wertvoll für mich!"

→ „Es bedeutet mir viel, mit dir befreundet zu sein."

→ „Unsere Begegnungen sind sehr wertvoll für mich."

→ „Ich schätze es, zu deinen Freunden zu zählen."

→ „Du bist sehr wichtig für mich."

→ „Es tut mir einfach gut, mit dir zusammen zu sein."

→ „Ich freue mich immer, wenn ich Sie sehe!"

→ „Du bereicherst mein Leben!"

Diese Worte gehören für mich zum Beglückendsten, was man einem Menschen sagen kann. Wenn ich Freunden oder Freundinnen zum Geburtstag gratuliere, so verbinde ich diese Glückwünsche gerne mit der Aussage, dass er oder sie mein Leben bereichert. Gibt es ein größeres Kompliment, das wir jemandem machen können? Und gibt es ein größeres Geschenk, das jemand uns selbst machen kann, als dass er oder sie unser Leben bereichert?

7.2 Einschätzung und Wertschätzung ergänzen sich

Einschätzung und Wertschätzung ergänzen einander. Obwohl beide das Verb „schätzen" enthalten, sind es allerdings grundverschiedene Formen der Begegnung mit der Umwelt.

Bei der *Einschätzung* geht es darum, „wahrzunehmen, was ist". Ohne diese Fähigkeit ist realitätsgerechtes Verhalten nicht möglich. Ohne genaues Beobachten sind auch keine Schlussfolgerungen möglich, die neue Möglichkeiten eröffnen. Am Beispiel des naturwissenschaftlichen oder technischen Experimentes kann man sich leicht vorstellen, worum es geht: Erst durch wiederholtes Ausprobieren *plus* genauem Registrieren der Abläufe *plus* genauer Auswertung der Ergebnisse können Schlüsse darauf gezogen werden, wie etwas funktioniert. Die präzise Einschätzung – dazu gehören Fragen wie: „Was ging vor? Welche Bedingungen bewirkten welches Ergebnis? Was verlief anders als erwartet und weshalb?" – erst ermöglicht die Überlegung, was für Anwendungsmöglichkeiten oder Verbesserungen sich aus den gewonnenen Erfahrungen ergeben könnten.

Der Geigenbauer Martin Schleske erzählt eindrücklich, wie konzentriert er lauscht, wenn eine im Hochgebirge gefällte Fichte, in große Stücke gesägt, über Felsplatten zu Tal donnert. Am Geräusch, das der Baum beim Aufprall auf den Stein macht, kann er als Fachmann erkennen und einschätzen, ob das Holz für den Bau einer Geige geeignet ist. Diese Hölzer nennt man „Sängerstämme", weil ihr Geräusch schon etwas von einer Melodie hat![80]

....

80 Martin Schleske, Der Klang, München 2010, S. 15f.

Dank möglichst präziser Einschätzung können Ziele auch ohne allzu viele Irrwege oder Umwege angesteuert werden. Erfahrungen des Scheiterns, die oft aufgrund falscher Einschätzung erfolgen, sind eher vermeidbar. Gute Einschätzung ist die Basis von Erfolgen, die nicht nur auf Glück und Zufall beruhen. Eine Verbesserung der Selbsteinschätzung sowie der Menschenkenntnis bringt fast zwangsläufig eine Verminderung von Enttäuschungen und Konflikten mit sich. Verhaltensweisen können leichter nachvollzogen, Reaktionen eher vorausgesehen, Verletzungen eher analysiert werden. Sachliche Einschätzungen sind die Basis für weitere Erkenntnisse und andere Perspektiven, die neue Gesichtspunkte zutage fördern können. Einschätzung hilft, den Dingen, Situationen und Menschen angemessen zu begegnen. Denn Einschätzen ist nichts anderes als „Maß nehmen", bevor man „Maßnahmen" ergreift.

Und *Wertschätzung*? Wertschätzung fügt der Einschätzung etwas hinzu, das ihr Ergebnis entscheidend verändert. Wertschätzung bedeutet nicht, die Brille rosarot einzufärben, um alles in unrealistisch positivem oder verklärtem Licht zu sehen. Sie bedeutet eher, die Bilder, die wir uns von Dingen und Menschen machen, mit einem „wertvollen Rahmen" zu versehen. Und so, wie man bei einem schön gerahmten Bild immer unterscheiden kann zwischen Bild und Rahmen, so ist sich derjenige, der eine Haltung der Wertschätzung bewusst einnimmt, durchaus der eigenen „Wertschöpfung" bewusst.

Ein Zitat des tschechischen Schriftstellers Bohumil Hrabal (1914–1997) macht den Unterschied klar. In einem seiner Texte lesen wir: „Das Leben ist zum Verrücktwerden. Zum Verrücktwerden schön, meine ich. Nicht, dass es das wäre, aber ich sehe es so." Dass das Leben zum Verrücktwerden ist, kann je nach Lebenslauf und Lebenssituation das nüchterne Resultat einer Einschätzung sein, wobei „zum Verrücktwerden" natürlich viele Assoziationen offenlässt. Hrabal präzisiert jedoch: „zum Verrücktwerden schön"! Ebenso gut hätte er „zum Verrücktwerden schrecklich" schreiben können. Denn beides wäre gleichermaßen plausibel und möglich.

Doch Hrabal wählt die positive, ja geradezu überschwänglich begeisterte Charakterisierung des Lebens. Der entscheidende Zusatz lautet: „Nicht, dass es das wäre, aber ich sehe es so." Mit dieser verblüffenden Gegenüberstellung macht der Autor klar: „Wie es wirklich ist, das Leben, das lassen wir dahingestellt. Doch ebenso, wie ich mich für die negative Sicht entscheiden kann, kann ich mich auch für die positive Sicht entscheiden." „Ich sehe es so" bedeutet in diesem Zusammenhang: „Ich will es so sehen. Ich entscheide mich dafür, es so zu sehen!" Das verstehe ich unter der geglückten Verbindung von Einschätzung und bewusster Wertschätzung.

7.3 Wie du dich selbst wertschätzt, wirst du andere wertschätzen – die Bedeutung der Selbstwertschätzung

Es ist eine Wahrheit, die sich viele Menschen nie bewusst machen: Wir gehen mit anderen Menschen auf die Dauer ähnlich um wie mit uns selbst. Der Grund: Wir legen die Maßstäbe, anhand derer wir uns selbst beurteilen, unwillkürlich auch an andere Menschen an.

Ich habe eine Freundin, die sehr viel Wert auf ihre schlanke Linie legt. Wenn ich mit ihr unterwegs bin und sie sieht korpulente Menschen, so kann ich fest damit rechnen, dass sie deren Übergewicht nicht einfach nur zur Kenntnis nimmt, sondern missbilligend kommentiert: „Wie kann man sich nur so gehen lassen!" oder: „Das sieht ja furchtbar aus, ich würde mich schämen, so herumzulaufen!" Das strenge Maß, das sie an sich anlegt, wird von ihr quasi automatisch auch an andere Menschen angelegt – die Frage der Gewichtskontrolle spielt in ihrer Einschätzung anderer Menschen dementsprechend eine „gewichtige" Rolle.

Interessant ist auch, wie Eltern von ihren erwachsenen Kindern sprechen. Man kann durchaus die Faustregel aufstellen: „Sage mir, was du hervorhebst, und ich sage dir, was dir an deinen Kindern besonders wertvoll erscheint!" Ja, oft geht dies sogar so weit, dass ein Kind deutlich mehr in den Mittelpunkt der Erzählungen gestellt wird als die anderen. Meist ist es das in den Augen der Eltern „erfolgreichste" Kind, das beispielsweise die steilste Karriere gemacht hat oder die attraktivste berufliche Position innehat (manchmal ist es allerdings auch das „Sorgenkind")! Das bedeutet: Auch als Eltern messen wir unsere Kinder in der Regel an den Werten, die uns wichtig sind. Das ist verständlich, aber nicht immer wird man dem erwachsenen Kind und seiner Lebensgestaltung oder Begabung damit gerecht.

Ich komme noch einmal auf das Gebot zurück „*Du sollst deinen Nächsten lieben wie dich selbst*" (3. Mose 19,18), das von Jesus bei der Frage nach dem wichtigsten Gebot genannt wurde (Matthäus 22,34–40). Allerdings stellte Jesus das Gebot, Gott zu lieben, voran (5. Mose 6,5).

Im hebräischen Urtext lautet dieses „Doppelgebot der Liebe" allerdings anders als gewohnt, nämlich folgendermaßen: „*Du liebst Jahwe, deinen Gott von ganzem Herzen, von ganzer Seele und mit all deiner Kraft.' Das ist das höchste und größte Gebot. Das andere aber ist dem gleich(wertig): ,Du liebst deinen Nächsten wie dich selbst.*" Überraschend ist, dass beide Male die Worte „du sollst" fehlen. Das ist korrekt, denn das Hilfsverb „sollen" existiert im Hebräischen nicht (ebenso wenig wie „müssen" oder „dürfen"). Die Verbform von „lieben", die dort geschrieben steht, ist auch kein Imperativ (= Befehlsform)!

Ebenso ist bei den Zehn Geboten, die in 2. Mose 20 erstmals aufgelistet sind, niemals „du sollst" geschrieben. Korrekt übersetzt lesen wir beispielsweise: „*Nicht mordest du. Nicht ehebrichst du. Nicht stiehlst du. Nicht antwortest du gegen deinen Nächsten als Zeuge der Falschheit. Nicht begehrst du das Haus deines Nächsten"* (2. Mose 20,13–17a).

Ich will an dieser Stelle auf die Besonderheiten der hebräischen Grammatik nicht näher eingehen, doch finde ich es höchst hilfreich, das „Doppelgebot der Liebe" einmal bewusst in dieser „Urform" zu lesen. Es klingt für unsere Ohren auf einmal nicht mehr wie ein Gebot oder eine Anordnung, sondern eher wie eine Feststellung: „Du *liebst* deinen Nächsten wie dich selbst"!

Könnte man aus dieser Lesart nicht den Schluss ziehen: „In der Art und Weise, wie du deinen Nächsten liebst, zeigt sich die Art und Weise, in der du dich selbst liebst"? Höchstwahrscheinlich war diese Aussage nicht die Hauptabsicht der Verfasser dieses Gebots, doch aus psychologischer Sicht ist sie nicht nur möglich, sondern auch absolut zutreffend.

Grundsätzlich sind Menschen mit geringem Selbstwertgefühl auffallend defizitorientiert, was ihre Selbsteinschätzung betrifft. Sie definieren sich vor allem über ihre Mängel und Schwächen, über das, was sie nicht haben und sind, über ihre Fehler und Versäumnisse usw. Leider ist dieser Filter bei ihnen auch wirksam, wenn sie andere Menschen beurteilen. Entweder sie glorifizieren sie unkritisch, weil sie bei ihnen vermeintlich nur Stärken sehen, oder sie suchen und finden bald die „Schwachstellen", die für ihr Urteil ausschlaggebend sind.

Auch ich benötigte viele Jahre, um mich von meinem eher labilen Selbstwertgefühl zu verabschieden und ein stabileres Selbstbewusstsein zu entwickeln. Rückblickend erkenne ich, dass ich die reichlich lieblose Strenge, mit der ich mich selbst beurteilte, in der Regel auch zur Grundlage meiner Beurteilung anderer Menschen machte. Natürlich steckte dahinter auch der Wunsch, allzu quälende eigene Unterlegenheitsgefühle zu vermeiden nach der Devise: „Da muss sich doch auch etwas Negatives finden!" Von einer Wertschätzung als Haltung war ich im Übrigen weit entfernt (sowohl mir als auch anderen gegenüber)!

Meines Erachtens ist es eine lebenslange Herausforderung, sich selbst einigermaßen realistisch einzuschätzen. Schließlich ist es mit einer einmaligen Einschätzung nicht getan, da wir uns im Lauf der Jahre verändern! – „Ich bin ein schlaues Kind", stellte meine dreijährige Enkelin mit Stolz fest. „Woher weißt du das?", fragte ich, worauf sie, leicht irritiert, antwortete: „Das sagt die Mama!" In dem Moment beneidete ich sie – an ein solches Kompliment in meiner Kindheit konnte ich mich nicht erinnern.

In der Tat benötigen wir nach den Erkenntnissen der Sozialpsychologie für unsere Selbsteinschätzung nicht nur in der Kindheit, sondern lebenslang die Rückmeldung anderer Menschen. Denn erst sie ermöglicht uns, zwischen Selbstbild und Fremdbild zu unterscheiden und zu respektieren, dass unsere Mitmenschen unter Umständen eine ganz andere Wahrnehmung von uns haben als wir selbst. Selbsteinschätzung muss deshalb verbunden sein mit realistischer Einschätzung der Wirkung, die wir auf unsere Mitmenschen haben.

Bedingte Wertschätzung, so habe ich dargelegt, hängt immer stark von Einschätzungsprozessen ab, dies gilt auch für die Wertschätzung sich selbst gegenüber. Wohingegen *Wertschätzung als Haltung,* wie ebenfalls ausgeführt, in gewisser Weise *unabhängig* macht von Einschätzungsresultaten. Dies verleiht der Haltung ihre Stabilität. Natürlich können Einschätzungen zu einer Wertschätzung als Haltung eine Menge beitragen, doch ist diese Form der Wertschätzung von ihnen nicht zwingend abhängig.

Ich kann es gut verstehen, wenn Menschen – vor allem in fortgeschrittenem Alter – ihren eigenen Selbstwert sehr stark damit verbinden, wie gesund, fit und sportlich sie sind. Andererseits lauert hierbei immer die Gefahr, erhebliche Selbstwertprobleme zu bekommen, wenn man eines Tages nicht mehr zu den Gesunden oder körperlich Leistungsfähigen zählt. Dies kann durch Krankheit oder durch ganz normale natürliche Alterungsprozesse ausgelöst sein.[81] Häufig beobachte ich deshalb bei Menschen in der zweiten Lebenshälfte eine verstärkte Leistungsorientierung auch im Freizeitbereich, die deutlich macht, dass unterschwellig die Angst vor Leistungsverminderung mitschwingt. Eine Haltung der Wertschätzung sich selbst gegenüber könnte hier zu deutlich mehr Lockerheit und Entspanntheit führen. Auch ich bin froh und dankbar, wenn ich noch recht fit oder sportlich bin für mein Alter (wobei natürlich immer die Frage ist, mit wem man sich vergleicht). Doch sofern ich eine Haltung der Wertschätzung mir selbst gegenüber einübe, wird mein Selbstwertgefühl – hoffentlich – nicht massiv leiden, falls ich einmal nicht mehr so leistungsfähig sein sollte. Diese Haltung sollte unser aller Ziel sein.

Beeindruckend ist für mich, wie selbstverständlich Kinder sich von Natur aus selbst wertschätzen, bevor wir ihnen unsere „bedingte Wertschätzung" beibringen oder ihnen gar die Anerkennung vorenthalten, die sie zur Entwicklung eines stabilen Selbstwertgefühls dringend benötigen.

Meine Enkelin teilt mir mit, sie habe „nur zwei Fehler" beim Mathematiktest gehabt. Als ich unüberlegt antworte: „Null Fehler wäre noch besser!", ernte ich einen vorwurfsvollen Blick samt Protest: „Zwei Fehler sind auch wenig!" Mit anderen Worten: Sie ist nicht bereit, ihre Leistung infrage zu stellen, nur weil sie nicht optimal ist. Die Frage ist: Respektieren wir diese Selbsteinschätzung (ich tat es und pflichtete ihr bei)? Oder befürchten wir, dass das Kind in der Folgezeit zu wenig Leistung bringt, weil es zu schnell mit sich selbst zufrieden ist?

Hier stellen Eltern und – wie in meinem Fall – auch Großeltern und andere Bezugspersonen durch ihre Bewertungen und Reaktionen durchaus Weichen. Wichtig scheint mir zu sein, den Kindern – und

---

81 Vgl. dazu mein Buch „Was die Seele bewegt, bewegt auch den Körper",
    SCM R. Brockhaus Verlag, Witten.

sich selbst – beides beizubringen: Eine nüchterne Selbsteinschätzung tut not – „gut" ist eben nicht das Gleiche wie „sehr gut". Aber auch eine Selbstwertschätzung ist wichtig, die auf einem stabileren Fundament beruht als auf der eigenen Leistungsfähigkeit.

Dieses stabilere Fundament ist zum einen die unerschütterliche Liebe der Eltern, die in hohem Maß mit einer Haltung der Wertschätzung zusammenhängt. Zum anderen ist es die dadurch vermittelte Überzeugung, dass man sich seinen Wert als Mensch nicht erst erarbeiten muss – und ihn deshalb auch nicht verlieren kann. Er ist „gegeben" – im Idealfall durch den Glauben an einen unbedingt wertschätzenden Gott, im weniger idealen Fall durch philosophische Begründungen. Artikel 1 unseres Grundgesetzes verzichtet auf beides und stellt apodiktisch in den Raum: „Die Würde des Menschen ist unantastbar." Genau genommen müsste es heißen: „Wir beschließen, dass die Würde des Menschen unantastbar ist." In der Zeit des Nationalsozialismus war das Gegenteil der Fall.

Selbstwertschätzung als Haltung besitzt, abgesehen von ihrer Stabilität, einen weiteren großen Vorteil gegenüber der bedingten Wertschätzung: Sie hat es nicht nötig, andere anzugreifen, infrage zu stellen, verantwortlich zu machen oder abzuwerten, um den eigenen Selbstwert zu retten oder zu stärken. Es ist eine unbestreitbare Tatsache, dass Menschen dazu neigen, ihr Selbstwertgefühl, sofern es unter Druck gerät, mit allen Mitteln zu verteidigen. Eines der beliebtesten Mittel ist, andere Menschen für Negatives verantwortlich zu machen. Ein weiteres Mittel besteht darin, andere abzuwerten, um sich selbst aufzuwerten.

Schon bei Kindern lässt sich die Neigung beobachten, das eigene positive Selbstbild mit Vehemenz zu verteidigen. Etwas ist im Spiel kaputtgegangen? „Ich war es nicht!" Zwei streiten sich? „Der (oder die) hat angefangen!" Man denke nur an die ausführlich erläuterte Paradiesgeschichte, wo Adam die eigene Schuld minimieren will, indem er sie auf Gott und Eva abzuwälzen versucht. Diese „Fehlattributierung" bestimmt auch Konflikte und Diskussionen in unserem erwachsenen privaten und beruflichen Alltag: Für Misserfolge, Probleme und Krisen suchen wir gern bei anderen die Schuld. Damit schützen wir uns selbst vor Infragestellung bzw. vor einer Bedrohung unseres Selbstwertgefühls.

Begegnen wir uns und anderen jedoch mit einer Haltung der Wertschätzung, so ist die Frage: „Wer ist verantwortlich?" nicht von vornherein bedrohlich. Gehört es doch zu dieser Haltung, sich und anderen Menschen gegenüber „fehlerfreundlich"[82] zu sein. Die Bereitschaft, sich und anderen Menschen zuzugestehen, nicht perfekt zu sein, drückte Jesus mit den Worten aus: *„Wer unter euch ohne Sünde ist, werfe den ersten Stein"* (Johannes 8,7).

Mein ehrenamtliches Engagement in einem Verein bringt es mit sich, dass ich seit vielen Jahren hauptverantwortlich Abendveranstaltungen mit immer neuen Themen anbiete. Natürlich passieren hierbei auch immer wieder Pleiten und Pannen. An irgendetwas herrschte Mangel, das Programm dauerte zu lang, der Referent war nicht gut verständlich ... die Möglichkeiten zur Kritik sind in jedem Fall groß. Da die meisten Menschen nicht auf eine Ausgewogenheit von wertschätzender Anerkennung und Kritik achten, war ich anlässlich von kritischen Rückmeldungen oft sehr verärgert oder verletzt. Seit ich mir jedoch den Leitsatz eingeprägt habe: „Nur wer nichts macht, macht auch nichts falsch!", kann ich mit tadelnden oder vorwurfsvollen Rückmeldungen gelassener umgehen. Das bedeutet, dass ich es mir – auch nach vielen Jahren Erfahrung – zugestehe, immer wieder Fehler zu machen.

Wichtig ist, sich klarzumachen: Wer sich selbst gegenüber eine Haltung der Wertschätzung praktiziert, kann es sich leisten, sich bei Problemen, Krisen, Konflikten oder Versagen aller Art kritisch

----

82 Diesen Ausdruck verdanke ich meinem Bruder Martin Weingardt, der eine Dissertation schrieb über das Thema „Fehler zeichnen uns aus", Bad Heilbrunn, 2004.

zu hinterfragen und im Zweifelsfall Verantwortung oder wenigstens Mitverantwortung für die Situation zu übernehmen. Er oder sie hat es nicht nötig, andere anzuklagen, um ja nicht genötigt zu sein, eigene Fehler anzuerkennen.[83] Eine Haltung der Wertschätzung uns selbst gegenüber gibt uns die Freiheit, nicht grundsätzlich defensiv reagieren zu müssen, wenn der eigene Selbstwert bedroht ist. Wir können es uns erlauben, sachlich zu bleiben, Empathie aufzubringen und eine nüchterne Fehleranalyse zu ertragen. Deshalb wirkt eine Haltung der Wertschätzung sich selbst gegenüber in höchstem Maß deeskalierend bei Konflikten, ja: friedensstiftend.

Wie ich in meinem Buch „Du bist gut genug"[84] dargestellt habe, ist es alles andere als einfach, sich von den Fesseln der bedingten Wertschätzung zu lösen, die uns unter Umständen im Elternhaus von unseren (ihrerseits entsprechend geprägten) Müttern und Vätern angelegt wurden. Schwierig ist, sich darüber *im Klaren zu werden*, welche möglicherweise nie hinterfragten „Glaubenssätze" und Werte uns mitgegeben und vorgelebt wurden. Schließlich haben wir sie nicht bewusst, sondern unbewusst gespeichert, was zur Folge hat, dass wir keinen direkten mentalen Zugriff auf diese Inhalte haben und uns ihre Entstehung oder Herkunft nicht bewusst machen können.

Die Gedächtnispsychologie unterscheidet ausdrücklich zwischen explizitem und implizitem Gedächtnis. Im expliziten Gedächtnis ist alles zu finden, was wir bewusst gespeichert und deshalb (sofern nicht in der Zwischenzeit vergessen) auch jederzeit abrufen können, beispielsweise die Vokabeln einer Fremdsprache, die Route unseres Weges zur Arbeit, unsere diversen Pin- und Geheimnummern oder

....

83 Diese Freiheit wird auch im Vorspann des zitierten Satzes deutlich: „Nicht nimmst du Rache und nicht wahrst du Schuld den Söhnen deines Volks und du liebst deinen Nächsten wie dich." Schuld „wahren" bedeutet, eine Anschuldigung – und dadurch den Konflikt – aufrechtzuerhalten.
84 SCM R. Brockhaus Verlag, Witten.

ein Kochrezept, das wir auswendig gelernt haben. Das implizite Gedächtnis hingegen speichert alles, was ohne den Einsatz von Sprache abläuft oder was wir ohne Beteiligung des Bewusstseins gelernt haben. Es ist die überwiegende Mehrheit dessen, was Kinder auf ihrem Weg zum Erwachsensein lernen, beispielsweise Bewegungsabläufe oder das Entschlüsseln von Körpersprache. Aber auch all das, was sie durch das Beobachten ihrer Bezugspersonen gelernt haben, indem sie deren Reaktionen und Kommentare verinnerlichten.

Wie geht Fahrradfahren? Es ist, wenn man es einmal gelernt hat, sehr schwer, jemandem mitzuteilen, welche einzelnen Fertigkeiten dazugehören. Vor allem die ständigen unbewussten Ausgleichsbewegungen, die wir machen, um das Gleichgewicht zu halten, sind kaum verbal vermittelbar. Auch die Erfahrungswerte, wie Kurven anzufahren sind, auf welchem Untergrund wie gebremst werden kann usw., werden zunächst nicht im Bewusstsein gespeichert. Ähnliches gilt für alle Sportarten, die wir ohne Unterricht, nur durch eigenes Üben oder Abschauen von anderen erlernen.

Nicht zuletzt sind im impliziten Gedächtnis auch die Werte und Normen gespeichert, an denen sich die elterliche Erziehung in den ersten Lebensjahren orientiert hat – unabhängig davon, ob den Eltern ihre eigenen Normen und Ziele bewusst waren oder nicht. Dies macht es auch so schwer, sich diese Werte im eigenen Erwachsenenalter bewusst zu machen. Doch Bewusstmachung ist der einzige Schritt zu reifem Umgang damit, verbunden mit der Freiheit, einen Wert infrage zu stellen und sich möglicherweise davon endgültig zu lösen.

Da es den wenigsten Erwachsenen nach meiner Einschätzung vergönnt war, als Kinder eine Haltung der unbedingten Anerkennung und Wertschätzung erfahren zu haben – wofür es verständliche Gründe gibt, wie ich darlegte –, ist es für die meisten eine bewusste Anstrengung und Umstellung, eine solche Haltung sich selbst gegenüber einzuüben. Wohlgemerkt, dies schließt nüchterne Selbsteinschätzung nicht aus, sondern erleichtert sie. Der gleiche Prozess läuft ab, wenn wir unbedingte Wertschätzung einem anderen Menschen entgegenbringen. Eine sachliche Einschätzung, durchaus als offene Rückmeldung oder Kritik geäußert, fällt leichter, wenn man sie mit unbedingter Wertschätzung verbinden kann.

Auch Kinder verkraften deutliche Kritik erstaunlich gut, wenn sie spüren, dass die unbedingte Wertschätzung dessen, der sie kritisiert, davon nicht beeinträchtigt wird. – Ein Großvater, der seinem Enkel nach dessen von allen Zuhörern heftig beklatschten Klaviervorspiel sagte, das sei nicht besonders gut gewesen, äußerte diese Rückmeldung im Rahmen einer Haltung der Wertschätzung. Der Enkel konnte mit der Kritik deshalb ehrlich und gelassen umgehen und war weder tief getroffen noch beleidigt, sondern bat den Opa, der ebenfalls seit einiger Zeit Klavierspielen lernt, ihm doch seinerseits etwas vorzuspielen. Anschließend stellte er nüchtern fest: „Ja, das klingt besser!" So wurde die Kritik nicht zur Demütigung, sondern zum Ansporn und zur Hilfe, sich selbst realistisch einzuschätzen.

7.4 Wertschätzung und „gewaltfreie Kommunikation"

Eine Kommunikation, die von Wertschätzung geprägt ist, ergibt sich keineswegs immer von selbst. Sie bedarf bestimmter Einstellungen und Ziele bei denen, die an ihr beteiligt sind. Folgende Grundhaltungen spielen dabei eine Rolle:

⤳ **Wir begegnen einander auf Augenhöhe.**
Damit ist nicht gemeint, dass Unterschiede, Über- und Unterlegenheiten oder bestehende Hierarchien geleugnet werden. Im Gegenteil – gerade dann, wenn es diese Unterschiede gibt, ist wertschätzende Kommunikation wichtig, um dennoch eine vertrauensvolle

Begegnung zu ermöglichen. „Augenhöhe" bedeutet, dass der Überlegene den Unterlegenen auf seine Stufe hebt und ihm das Gefühl der Gleichwertigkeit – nicht zu verwechseln mit Gleichrangigkeit oder Gleichberechtigung – gibt. Das Gegenteil wäre „überhebliches" bzw. „herablassendes" Verhalten – beide Wörter machen deutlich, dass sich der Betreffende *über* sein Gegenüber(!) stellt.

Wird darauf verzichtet, so signalisiert man, dass man miteinander kooperieren will. Allerdings hat die Kooperationsbereitschaft dann Grenzen, wenn Menschen die wertschätzende Kommunikation ausnutzen, um ihre tatsächliche Stellung, ihre Unterlegenheit oder Abhängigkeit, ignorieren zu können. Ein Architekt erzählte mir, dass er sämtliche Handwerker mit Handschlag begrüßt, wenn er auf einer seiner Baustellen auftaucht. Damit will er zum Ausdruck bringen, dass er sie in ihrer Kompetenz achtet, auch wenn faktisch er der verantwortliche Leiter des Bauvorhabens ist. Manche Handwerker missverstehen diese kooperative Haltung und beantworten die Wertschätzung damit, dass sie die Anordnungs- und Verantwortungshoheit des Architekten missachten. In solchen Fällen bleibt einem nichts anderes übrig, als die Kompetenzen klarzustellen.

Auch mit Kindern kann man auf Augenhöhe reden und ihnen gleichzeitig klarmachen, dass die Letztentscheidung nicht bei ihnen liegen kann. Die Achtung ihrer Meinung oder ihrer Wünsche bedeutet nicht, die klare Hierarchie außer Kraft zu setzen. Das erwarten Kinder im Grunde genommen auch gar nicht!

⇢ **Wir wollen den anderen verstehen.**

Wertschätzende Kommunikation geht von der grundsätzlichen Überzeugung aus, dass Menschen Gründe für ihr Verhalten haben. Je mehr es uns gelingt, diese Gründe zu erkennen, desto eher können wir auch nachvollziehen, weshalb ein Mensch so und nicht anders handelt, reagiert oder sich äußert. Eine Haltung der Wertschätzung hat in erster Linie nicht das Interesse, recht zu behalten, sondern zu verstehen und zu lernen. Andere Perspektiven und Meinungen werden deshalb nicht von vornherein als Bedrohung oder Provokation wahrgenommen, sondern grundsätzlich erst einmal respektiert. Natürlich gibt es auch hier eine Grenze, zum Beispiel, wenn es um eigene ethische Maßstäbe sowie um die Verantwortung für Entscheidungen geht. Und selbst wenn man als Führungsperson die Ansprüche und Erwartungen von Mitarbeitern durchaus nachvollziehen kann, ist es in der Regel nicht möglich, allen gerecht zu werden. Doch kann man dies in einer Form kommunizieren, die trotz Zurückweisung in der Sache die Wertschätzung in der Beziehung erkennen lässt.

⤳ Wir wollen uns nicht unter allen Umständen durchsetzen.

Wertschätzende Kommunikation ist mit der Bereitschaft verbunden, dem anderen gegebenenfalls entgegenzukommen, anstatt unnachgiebig auf dem eigenen Standpunkt zu verharren. Wer dazu von vornherein nicht bereit ist, empfindet jede Form von Kompromiss als „faul", weil eine Abweichung von der eigenen Position und dem eigenen Anspruch als Schwäche oder Misserfolg eingeschätzt wird.

Grundsätzlich gilt: Wer in der Kommunikation in Alternativen wie „richtig oder falsch", „Sieger oder Verlierer" denkt, hat große Schwierigkeiten, auch dritte Denkwege oder andere Lösungen anzuerkennen. Doch häufig, so zeigt beispielsweise die Naturwissenschaft, bestehen die Antworten der Natur nicht aus einem „Entweder-oder" bzw. „Weder-noch", sondern in einem „Sowohl-als auch" bzw. einem „Einerseits-andererseits"![85]

---

85 Zum Beispiel bei der berühmten physikalischen Frage, ob Licht eine Welle ist oder aus Teilchen besteht.

⟶ **Wir wollen unser Gegenüber nicht ohne Not verletzen.**
Hier hat sich der Amerikaner Marshall Rosenberg (1934–2015) blei-
bende Verdienste erworben, indem er die Methode der „gewaltfrei-
en Kommunikation" entwickelte. Rosenberg geht davon aus, dass
wir am ehesten dann „gewaltfrei" kommunizieren, wenn wir ehrlich
von uns selbst sprechen – von unseren Gefühlen, unseren Bedürfnissen, unseren Wünschen. Damit vermeiden wir Angriffe, Unterstellungen, Infragestellungen und implizite Bewertungen, sodass
unser Gegenüber uns anhören kann, ohne sich gleichzeitig gegen
unsere verbale und emotionale „Gewalt" schützen zu müssen.

Unter „Gewalt" versteht Rosenberg alle Formen von nicht empathischer Kommunikation, durch die das Gegenüber in seinem
Selbstwertgefühl bedroht wird. Sobald dies der Fall ist, entstehen
Kommunikationsblockaden, die eine wirkliche gegenseitige Begegnung, ein vertrauensvolles „Sich-Nahekommen" erschweren oder
gar verhindern. Ist die Resonanzfähigkeit dadurch erst einmal eingeschränkt oder beschädigt, so entstehen sowohl Distanz als auch
Misstrauen. Dadurch wächst die Gefahr von Missverständnissen
und Entfremdung; die Chance von Verständigung und Annäherung
sinkt.

⟶ **Wir verzichten auf Druckmittel und suchen
stattdessen Verständigung.**
Grundsätzlich kann man sagen: Wertschätzende Kommunikation
vermeidet es (wenn möglich), Druck auf das Gegenüber auszuüben,
denn Druck ist das Ende einer „Beziehung auf Augenhöhe" und erzeugt zwangsläufig entweder Gegendruck oder Zurückweichen.

Während ich dieses Buch schrieb, starb Heiner Geißler
(September 2017). Ein Film, der auf sein Leben zurückblickte,
schilderte die Entfremdung zwischen Geißler, Generalsekretär der
CDU, und Bundeskanzler Kohl. Kohl hatte auf eine zwar indirekte,
aber öffentlich geäußerte Kritik Geißlers mit Druck in Form einer

Drohung reagiert. Geißler ließ sich davon nicht beeindrucken, sodass es zu der von Kohl angedrohten Absetzung Geißlers und damit zum Bruch zwischen den beiden kam. Wie Geißler andeutete, war ihre Beziehung vor allem an der Art und Weise zerbrochen, in der Kohl sich angewöhnt hatte, Konflikte zu lösen – nämlich durch Machtausübung und nicht durch den Versuch des persönlichen Gesprächs mit dem Willen zur gegenseitigen Verständigung. Inwieweit diese Darstellung Geißlers zutrifft, kann ich nicht beurteilen, doch sicher ist, dass Drohungen bei geistig und psychisch unabhängigen Menschen in der Regel bewirken, dass sie innere und oft auch äußere Distanz einnehmen, da eine „Beziehung auf Augenhöhe" nicht mehr gegeben ist.

Wertschätzende Kommunikation verzichtet bewusst auf distanzauslösende Kommunikationsformen. Zu ihnen gehören beispielsweise:

- Schuldzuweisungen
- Bewertungen und Rechthabenwollen
- Drohungen
- Anklagen
- Kritik in Form von Du-Botschaften
- Unterstellungen
- Vergleiche
- Verallgemeinerungen
- Übertreibungen
- Monologe
- Ungebetene Ratschläge
- Befehle[86]

....

86 Zur Vertiefung: Marshall Rosenberg, Gewaltfreie Kommunikation, Jungfermann, Paderborn 2004 oder etwas einfacher, aber darauf basierend: Claudia Fabian, Wertschätzend kommunizieren, Schirner, Darmstadt 2016.

Es ist unbestritten, dass wir in unserer Kommunikation auf die Dauer nicht wertschätzender mit unserem Gegenüber umgehen können als mit uns selbst – vor allem wenn es „hart auf hart" geht, weil Interessen oder Meinungen aufeinanderprallen. Deshalb, so Marshall Rosenberg, muss jeder Mensch lernen, sich selbst mit Empathie zu begegnen. Es ist die Voraussetzung, um offen, wertungsfrei und authentisch von sich selbst sprechen zu können. Die für wertschätzende Kommunikation notwendige Selbstempathie besteht aus mehreren Schritten:

Erster Empathie-Schritt: Sich bewusst machen, was man wahrnimmt bzw. erlebt. Ohne eine klare Erkenntnis der Realität lässt sich nur schwer effektiv kommunizieren. „Ich habe das komische Gefühl, irgendwas stimmt hier nicht" ist eine so verschwommene Aussage, dass sich weitere Empathie-Schritte kaum darauf aufbauen lassen. Auch Sprüche wie „Das fühlt sich für mich gar nicht gut an!" sind alles andere als eine präzise Wahrnehmung: Was ist mit „das" gemeint, was mit „gar nicht gut"? Hilfreich ist es, sich selbst zu fragen: „Was genau passiert? Worum geht es? Was ist mein Anliegen oder Interesse?"

Zweiter Empathie-Schritt: Die eigenen begleitenden Gefühle möglichst unvoreingenommen und präzise wahrnehmen, ohne das Gegenüber dafür verantwortlich zu machen. Für viele Menschen ist diese Unterscheidung äußerst schwierig. Anstatt zu sagen: „Wenn du mit deinem Handy spielst, während ich mit dir rede, bin ich irritiert und verärgert!", sagen sie verkürzend: „Du bringst mich mit deinem Handyspielen auf die Palme!" Damit wird die Verantwortung für die eigenen Gefühle an das Gegenüber delegiert, das in der Regel mit Protest und Abwehr reagiert („Das ist doch dein Problem, wenn dich das stört!"). Die wertschätzende Kommunikation ist in diesem Fall unterbrochen.

Dritter Empathie-Schritt: Erkennen, welches eigene Bedürfnis bedroht oder verletzt – oder erfüllt – wird. Wie dargelegt, melden Gefühle sich immer dann zu Wort, wenn vitale psychische Grundbedürfnisse angesprochen werden. Dann freut sich der Mensch – oder er reagiert mit Angst, Ärger, Wut etc., wenn sie verletzt bzw. bedroht werden. „Einer der wichtigsten Gründe, warum es überhaupt zu Streit, Missverständnissen und Kontaktsperren kommt, ist, dass unsere Bedürfnisse nicht erfüllt sind", schreibt Claudia Fabian.[87]

Allerdings benötigt dieser Empathie-Schritt gleichzeitig auch die Bereitschaft, die Grenzen des anderen in der Erfüllung unserer Grundbedürfnisse anzuerkennen. Es sind Grenzen, die dieses Gegenüber – z. B. der Partner – entweder in sich selbst hat, oder Grenzen, die er zieht. Wenn beispielsweise ein Mann darauf besteht, seine Partnerin bei ihren Treffen mit Freundinnen zu begleiten, so mag er dies mit seinem Bedürfnis nach Nähe und gemeinsamen Aktivitäten begründen. Hält ihm die Partnerin aber ihr eigenes Bedürfnis nach Beziehungen entgegen, die sie nur zu zweit pflegen möchte, so sollte die beidseitige Empathie dazu führen, dass man eine Lösung findet, mit der beide Seiten leben können, ohne sich missachtet zu fühlen. Die Empathie sich selbst gegenüber muss mit der Empathie dem Nächsten gegenüber verbunden sein, entsprechend der biblischen Aussage: „Du liebst (am besten) deinen Nächsten wie dich selbst."

Vierter Empathie-Schritt: Wir formulieren einen Wunsch, ein Anliegen oder eine Bitte. Auch hier gilt: Die Bitte sollte nicht nur konkret, sondern auch möglichst im Hier und Jetzt angesiedelt sein. Wünsche wie „Ich bitte dich, dass du dich in Zukunft etwas freundlicher mir gegenüber verhältst!" sind in ihrer unpräzisen und verallgemeinernden Formulierung nicht hilfreich: Wann ist „in Zukunft", was bedeutet „etwas freundlicher"? Um welche Verhaltensweisen geht es?

....

87   A. a. O., S. 84.

Die Belastungsprobe für eine Kommunikation der Wertschätzung ist allerdings dann gekommen, wenn unser Gegenüber auf unsere Bitte mit einem klaren „Nein" – möglichst mit Begründung – antwortet. Wertschätzung bedeutet, auch eine solche Weigerung zu respektieren, ohne darauf gekränkt, beleidigt oder verletzend (in Form von Angriffen, Vorwürfen etc.) zu reagieren.

Ein Spezialthema: Wertschätzung und Kritik

Immer wieder begegnet mir die Überzeugung, dass Wertschätzung bzw. Liebe oder Freundschaft sich nicht mit Kritik vereinbaren lassen. Das Gegenteil ist der Fall: Wer, wenn nicht der Mensch, der uns wohlgesonnen ist, könnte uns kompetent und hilfreich zugleich kritisieren? Bei Feinden, Neidern, Rivalen, Rachsüchtigen und unzufriedenen Menschen aller Art ist Kritik immer in erster Linie ein Hinweis darauf, welche Probleme diese Personen *mit sich selbst* haben. Sie sind uns gegenüber im höchsten Maß voreingenommen, emotional vorbelastet, unempathisch.

Andererseits haben Menschen, die uns feindselig gesonnen sind, oft die geringsten Hemmschwellen, Kritik an uns zu üben. Deshalb kann man auch aus ihrer Kritik einiges an Information entnehmen. Doch ist die Unterscheidung – wo geht es ihnen um sich selbst, wo geht es ihnen wirklich um uns – in den meisten Fällen schwer zu treffen. Die große Masse derer, denen wir gleichgültig sind, wird sich erst recht nicht dazu bereitfinden, uns zu kritisieren, denn dies würde ja voraussetzen, dass sie sich näher mit uns beschäftigen.

Umso angewiesener sind wir im Grunde genommen auf die kritischen Rückmeldungen jener Männer und Frauen (oder Kinder, denn „Kindermund tut Wahrheit kund" gilt tatsächlich in vielen Fällen), die uns mit einer Haltung des Interesses, der Sympathie und Wertschätzung begegnen. Wenn sie Kritik üben, so können wir davon ausgehen:

→ dass es ihnen dabei durchaus um unsere Person geht, wenn auch nicht ausschließlich;

→ dass das, was sie uns sagen, viele andere Menschen vermutlich denken;

→ dass sie sich bemühen werden, uns nicht mehr zu verletzen als notwendig;

→ dass es wertschätzend ist, uns nicht einfach „laufen zu lassen", sondern sich für unsere Entwicklung und unser Verhalten mit-verantwortlich zu fühlen;

→ dass es wertschätzend ist, nicht den bequemeren Weg zu gehen („Ich sage nichts, dann kann ich auch nichts Falsches sagen und riskiere keinen Konflikt"), sondern den unbequemeren, denn Kritik ist immer mit dem Risiko verbunden, negative Reaktionen auszulösen.

Eine hilfreiche Einschränkung der Kritikbereitschaft unter vertrauten Menschen fand ich bei dem chinesischen Philosophen Konfuzius (eigentlich: Kungfutse, ca. 550–480 v. Chr.). Was er über die Freundschaft sagt, würde ich auf die Wertschätzung allgemein beziehen: „Das Wesen der Freundschaft beruht auf unbedingter Aufrichtigkeit. Sieht man an seinem Freund einen Fehler, so hat man die Pflicht, ihn gewissenhaft darauf aufmerksam zu machen. Die Freundschaft soll dazu dienen, dass man sich gegenseitig auf liebevolle Weise im Guten fördert. Aber man darf nicht zum pedantischen Moralprediger werden. Sieht man, dass unsere Anregungen auf Widerstand stoßen, so halte man sich taktvoll zurück und überlasse es dem gesunden Verstand des anderen, selbst zur Besinnung zu kommen. Sonst setzt man sich nur Beschämungen aus und die Freundschaft geht in die Brüche." [88]

----

88 Aus: Kungfutse, Lun Yu. Gespräche. Übersetzt von Richard Wilhelm, Düsseldorf 1975, S. 128.

170

7.5 Wertschätzung als Lebenshaltung – der Reichtum der Genügsamkeit

Wertschätzung als Haltung bedeutet, gegen die ständige Defizit-orientierung zu protestieren, die ein Merkmal unserer Leistungsgesellschaft ist. Ihr Motto lautet: „Gib dich nie mit etwas zufrieden! Nicht mit dir selbst, nicht mit anderen, nicht mit dem, was ist, was du (oder andere) hast oder kannst oder erreicht hast." Alles wird permanent verbessert und als verbesserungswürdig dargestellt, sprich: abgewertet oder gar entwertet. Genug ist nie genug. Nichts darf sich „einfach so" entwickeln, sondern wird unablässig geprüft und be-, oft auch verurteilt.

Ich fragte einen Kinderarzt, der kurz vor der Pensionierung stand, ob sich in seinen Erfahrungen mit Eltern im Lauf der Jahrzehnte seiner Praxistätigkeit etwas verändert hätte. Spontan antwortete er: „Ja, die heutigen Eltern, vor allem die Mütter, messen ihre Kinder ständig an irgendwelchen Normwerten. Wann sollte ihr Kind dies können, wann jenes? Die Kinder werden eigentlich weniger in ihrer Individualität respektiert, als dies früher der Fall war. Dahinter sehe ich eine große Angst, etwas falsch zu machen, womöglich eine frühe Hilfs- oder Fördermaßnahme zu verpassen, aber auch eine große Sorge, das Kind könne nicht ‚den Normen' entsprechen."

Bei aller gut gemeinten und wichtigen Vorsorge – die Wertschätzung des Kindes, so wie es nun einmal ist, scheint vielen Eltern in einer von Tabellen und Normwerten geprägten Gesellschaft nicht leichtzufallen. Das Gleiche gilt für den alten bzw. alternden Menschen.

„Darf man denn nicht einmal mehr gemütlich vor sich hinaltern?", fragte vor einiger Zeit ein Journalist, der sich ironisch-kritisch mit der anschwellenden Flut von Ratgebern zum Thema „Älter werden" auseinandersetzte. Ein hoher Druck wird auf diese Weise erzeugt: Man kann ja so vieles falsch machen, wenn man älter wird! Und hätte es doch, sofern man alles richtig macht, angeblich in der Hand, steinalt zu werden und dabei attraktiv, sportlich und kerngesund zu bleiben! Angefangen von der Ernährung über das Fitnessprogramm, das es einzuhalten gilt, bis zu den optimalen Beschäftigungen, die der Demenz oder dem geistigen Abbau vorbeugen, wird alles auf den Prüfstand gestellt. Schon gibt es auch Ratgeber zum „Richtig sterben" – fehlt nur noch der ultimative Tipp zum „richtigen Totsein"!

Die rasant weiterentwickelte Computertechnik macht es möglich, dass immer mehr ge- und vermessen sowie bewertet wird. Ranglisten und Rankings sowie Idealwerte und Tests („Bin ich im Normbereich?") für sämtliche Aspekte des Lebensvollzugs werden erstellt, die jede Abweichung als Gefahr oder Risiko deklarieren. Wer immer Lust dazu hat, veröffentlicht im Internet Kommentare und Bewertungen, oft in unsäglich schlechtem Sprachstil und in niveaulosester Form.

Eine wachsende Industrie lebt davon, uns Mess- und Überwachungsgeräte aller Art zu verkaufen, um noch mehr zu kontrollieren und natürlich zu verbessern, angefangen beim Zustand des eigenen Körpers bis zum Stromverbrauch bestimmter Geräte zu bestimmten Tageszeiten. Nichts darf mehr der Natur, dem gesunden Menschenverstand oder womöglich dem Schicksal überlassen werden, alles muss aufs Kleinste durchgeplant, reguliert, kontrolliert und „optimiert" werden. Das Internet sowie das Handy mit ihren ständig sich erweiternden Möglichkeiten sind die idealen Verbündeten dieser Kontroll- und Optimierungsmanie. Hinter ihr steckt – meist unbewusst – ein geradezu gnadenloser Leistungsgedanke, verbunden mit Perfektionsanspruch sowie der Angst vor dem „Suboptimalen". Wie viel Zeit verbringen wir nicht inzwischen am Internet, um das günstigste Schnäppchen, das ideale Urlaubsdomizil, das beste Kürbissuppenrezept usw. herauszufinden – um nur einige banale Beispiele zu nennen!?

Es ist keineswegs einfach, sich von dieser tief verinnerlichten Leistungsorientierung, mit der immer *bedingte Wertschätzung* verknüpft ist, zu emanzipieren. Ebenso wenig fällt es leicht, die dahinter steckende Tendenz zur Entwertung dessen, was ist, zu erkennen. Schon seit geraumer Zeit versucht beispielsweise die Psychologie mit dem Konzept der „Good-enough-Mutter" dem Überforderungsburnout junger Mütter zu begegnen. Mit wenig Erfolg.

Auch das durchaus hilfreiche Stichwort des „Selbstmitgefühls" macht die Runde. Es soll schlicht und einfach zu etwas mehr Barmherzigkeit im Umgang mit sich selbst ermutigen (nicht zu verwechseln mit Selbstmitleid). Doch Selbstmitgefühl setzt Selbstwahrnehmung und Selbstanerkennung voraus und beides benötigt Zeit, Freiheit von Ablenkung sowie Ruhe und Konzentration. Auch eigenständig, das heißt bewusst angeeignete Werte – „Was ist mir wirklich wichtig?" – sind unentbehrlich, um mit sich selbst auch dann im Reinen zu sein, wenn alle Welt uns einreden möchte, dass wir dazu kein Recht haben, weil zu vieles verbesserungsbedürftig ist.

Nur ein Beispiel: Freizeitsport wird mit immer mehr „Spezialkleidung" versorgt. Es genügt nicht, ein paar Allround-Turnschuhe zu haben – nein, es müssen je nach Art der Körperertüchtigung jeweils spezielle Turnschuhe angeschafft werden. Mit normaler Unterwäsche oder Freizeitkleidung Sport treiben? Unmöglich, es muss „Funktionsunterwäsche" und Funktionskleidung sein! Und wenn ich im Winter sehe, mit welcher Spezialausrüstung – fast samt und sonders aus Kunststoffen und Kunstfasern produziert – Skilangläufer die ach so intakte Natur auf der Alb genießen, so frage ich mich, ob diesen Menschen eigentlich klar ist, mit welcher Umweltbelastung die Produktion und das Waschen ihrer Sportbekleidung verbunden sind.[89]

....

89   Bei jedem Waschvorgang werden Mikrokunststoffteile aus der Kleidung gelöst und ins Grundwasser geschwemmt.

Erfreulicherweise gibt es inzwischen die kleine, aber hoffentlich schnell wachsende Bewegung der „Suffizienz" – womit nichts anderes gemeint ist als die Bereitschaft, sich an etwas genügen zu lassen.[90] Bewusst darauf verzichten, immer nach dem Optimalen zu streben. Bewusst etwas nicht anschaffen oder zu konsumieren, obwohl man es sich finanziell leisten könnte. Bewusst das Alte – auch im Interesse der Nachhaltigkeit anstatt der Ressourcenplünderung – so lange wie möglich pflegen, benutzen, reparieren, aufbrauchen. Was einst aus materieller Not heraus getan wurde, aus freien Stücken tun – allerdings bedarf es dazu des Nachdenkens und der Distanzierung vom vorherrschenden Zeitgeist. Es können – und sollten! – ökologische Gründe ausschlaggebend sein, aber auch ethische Motive.

Wer das, was er hat, wertschätzt, benötigt nicht immer mehr oder immer Neues, geschweige denn das Neueste. Und wer weiß, was er wirklich braucht, um glücklich zu sein – nämlich Resonanz-erfahrungen und Resonanzachsen, in denen er Berührtwerden, Anregung, Selbstwirksamkeit und Wertschätzung erlebt – braucht unendlich vieles *nicht*.

Seit vielen Jahren ist mir ein Ausspruch des griechischen Philosophen Sokrates (469–399 v. Chr.) zu einem wichtigen Wahl-spruch geworden. Er soll beim Anblick eines vornehmen Atheners, der sich in einer Sänfte über den Marktplatz tragen ließ, ausgerufen haben: „Wie vieles gibt es doch, was ich nicht nötig habe!" Wobei mir natürlich bewusst ist, dass man leichter auf etwas verzichten kann in dem sicheren Wissen, es sich, wenn man unbedingt wollte, auch leisten zu können.

Meines Erachtens bedeutet das viel verwendete Wort „Achtsam-keit" im Grunde nichts anderes als die Bereitschaft, dem, was ist und was man wahrnimmt, mit Wertschätzung zu begegnen. Dadurch ge-winnt es an Tiefe, an Bedeutung, an Wert, an Gehalt – und dadurch

---

90 Lateinisch „sufficiens": genügend, ausreichend.

erleben wir Resonanz. Der Mann, dem ich aufmerksam in die Augen schaue, kann zurückblicken; die Frau, die ich freundlich anlächle, kann wieder lächeln. Bei dem Fremden vor mir, der zurückschaut und mir „rück-sichts-voll" die Tür aufhält, kann ich mich herzlich bedanken. Das Kind, das ich bei seinem Versuch beobachte, Fahrradfahren zu lernen, kann ich ausdrücklich loben. Dem alten Menschen, der unsicher vor dem Fahrscheinautomaten steht, kann ich helfen – aber nur, wenn ich innehalte und ihn wahrnehme!

7.6 Wertschätzung als Lebenshaltung – ein Weg des Glücks

Wer eine Haltung der Wertschätzung einübt, hat die Chance, eine Menge wertvoller Erfahrungen zu machen. Die Gründe dafür sind vielfältig.

⇢ **Wertschätzung ist keine Einbahnstraße.
Wer wertschätzend auf Menschen zugeht,
wird häufig auch wertschätzend behandelt.**

„Wie man in den Wald hineinruft, so schallt es heraus" lautet ein bekanntes Sprichwort, das ein Grundgesetz menschlicher Kommunikation versinnbildlicht: Nicht nur die Stimmung, in der wir Menschen begegnen, wirkt ansteckend, sondern auch das Maß an Respekt und Freundlichkeit, das wir Menschen entgegenbringen.

Das Polizeiauto, das auf mich zukam, war nicht zu übersehen, denn ich fuhr entgegen der Einbahnstraße und musste notgedrungen anhalten. Der Polizist ließ das Fenster herab und fragte streng: „Ist Ihnen klar, dass Sie in die falsche Richtung fahren?" – „Ja, das ist mir klar", sagte ich verlegen lächelnd, „und ich gebe auch zu, dass ich diese Abkürzung wählte, weil es mir zu umständlich war, den weiten Umweg zu fahren, um ans Ziel zu kommen!" – Deutlich milder gestimmt antwortete der Polizist: „Es ist sehr ehrlich von Ihnen, das zuzugeben. Weil Sie so aufrichtig waren, wollen wir es diesmal noch bei einer mündlichen Verwarnung belassen!"

Ich nehme an, dass der Polizist es als Zeichen der Wertschätzung empfand, von mir zum einen in seiner Autorität anerkannt und in keine unnötige Diskussion („So eine idiotische Regelung!") verwickelt zu werden. Zum anderen ist davon auszugehen, dass auch staatliche Ordnungshüter es durchaus (wert-)schätzen, wenn sie keine Ausreden oder gar dreiste Lügen aufgetischt bekommen („Hab das Schild gar nicht gesehen!" wäre in diesem Fall, da ich von auswärts kam, durchaus denkbar gewesen). Ebenso sind sie sicher nicht unglücklich, wenn sie einmal nicht Zielscheibe frustrierter oder aggressiver Reaktionen werden.

⋯⋗ **Wertschätzung verhindert unnötige Verletzungen und Konflikte und trägt zum Frieden zwischen uns und unseren Mitmenschen bei.**

Kritik und Tadel dürfen und müssen manchmal sein. Dennoch gilt auch hier die Devise: „Der Ton macht die Musik!" Unter „Ton" ist die Art und Weise zu verstehen, in der wir Kritik äußern, wobei die Körpersprache – Gestik, Mimik, Haltung, Augen und Stimme – eine zentrale Rolle spielt, denn über sie wird die „emotionale Botschaft" und damit die Beziehungsebene kommuniziert. Nimmt das Gegenüber auf der Gefühlsebene wahr, dass wir ihm wertschätzend begegnen, so kann er Kritik an einer konkreten Verhaltensweise eher akzeptieren. „Die Basis stimmt" sozusagen!

Auf einer Zugfahrt von Stuttgart nach Köln spielte in dem Wagen, in dem ich saß, eine Gruppe erwachsener Männer Karten und gab lautstarke Kommentare in urwüchsigem schwäbischen Dialekt dazu ab. Der gesamte Großraumwagen durfte zuhören! Obwohl ich recht weit entfernt saß, ging ich zu den Männern und stellte mich vor: Ich sei selbst Schwäbin (was man hörte) und würde mich außerordentlich freuen, ein solch reines Schwäbisch zu hören.

Doch ich fände es wenig rücksichtsvoll, wenn sie so laut miteinander reden würden. Einer der Männer meinte etwas verlegen, es würde sicher niemanden stören, worauf ich lächelnd fragte: „Soll ich mal eine Umfrage im Wagen machen?" Hinter mir wurde schon heftig genickt! Um das betretene Schweigen zu beenden, fragte ich interessiert, wo sie denn herkämen. Mit einer erneuten Bekräftigung meiner Bitte, auf die restlichen Fahrgäste Rücksicht zu nehmen, zog ich mich wieder auf meinen Platz zurück. In der Folge redeten die Männer tatsächlich deutlich leiser miteinander.

Wertschätzung bereichert unser Leben, weil wir positive Resonanzerfahrungen machen.

Abgesehen von den unmittelbaren praktischen Vorteilen, die wertschätzendes Verhalten hat, entfaltet es eine bereichernde Wirkung in der tieferen Schicht unserer Seele. Da wir Menschen zum einen auf Begegnung angelegt sind, zum anderen aber auch auf Frieden und positive Verbundenheit, können wir auf Kontakte mit Menschen nicht verzichten. Der Glücksforscher Mihaly Csikszentmihalyi weist eindringlich darauf hin, dass es bei Menschen, die zu häufig und zu lang ohne menschliche Kontakte sind, zu einer „Desorganisation" der Psyche kommt. Sie drückt sich unter anderem darin aus, dass negative Gedanken und Gefühle zunehmen. Wohingegen „die Investition von psychischer Energie in zwischenmenschliche Beziehungen eine gute Möglichkeit zur Lebensverbesserung darstellt. Selbst ein oberflächliches Gespräch in einer Eckkneipe (...) kann bisweilen Depressionen entgegenwirken."[91]

Die Erfahrung, von anderen Menschen nicht nur wahrgenommen, sondern auch angenommen und ernst genommen zu werden, gehört zum Bereicherndsten, was das Leben zu bieten hat, und ist durch keine andere Aktivität zu ersetzen.

....

91   Aus: „Lebe gut!" München 2001, S. 61f.

Nie werde ich sie vergessen, die bescheidene alte Frau, die mir am Ende eines Vortrags etwas schüchtern einen selbst gepflückten Wiesenstrauß in die Hand drückte. „Woher kennen Sie mich?", fragte ich sie erstaunt. „Sie waren doch mal in der Tagungsstätte Löwenstein und da sind Sie bei einem Spaziergang an unserem Weinberg vorbeigekommen, und wir haben uns eine Weile unterhalten!", sagte sie. Ich entsann mich und war dennoch überrascht und gerührt zugleich – der Ort lag etliche Kilometer entfernt. Doch das Gespräch hatte die Frau offenbar so bereichert, dass sie sich extra auf den Weg gemacht hatte, um mir ein Zeichen ihrer Wertschätzung zu überreichen.

--> **Wertschätzung macht aufnahmefähiger, empathischer, achtsamer. Das Leben wird inhaltsreicher und spannender.**

Je mehr wir unserer Umwelt nicht nur mit Achtsamkeit, sondern auch mit Achtung begegnen, desto bedeutsamer wird das, was wir wahrnehmen und erfahren. Dazu eine bezaubernde Episode, die der argentinische Bischof Dom Hélder Câmara erzählt. „Im übervollen Autobus zog ein Kind die Aufmerksamkeit auf sich, das mit unendlicher Sorge ein Stück Holz in der Hand trug. Eine Dame hielt es nicht länger aus. Sie fragte, womit dieses Holzstück so viel Sorgfalt verdiene. Das Kind erklärte: ‚Ich führe eine kleine Ameise, meine liebste Freundin, aus. Das ist ihre erste Busfahrt.'"

--> **Wertschätzung öffnet Türen, die andernfalls verschlossen blieben.**

So wie Blumen ihre Blüte öffnen, wenn sie den wärmenden Strahlen der Sonne ausgesetzt sind, so öffnen sich auch Menschen, wenn sie spüren, dass jemand ihnen mit Respekt und Interesse begegnet. Sie wagen es, im Bild gesprochen, ihre gewöhnliche Ritterrüstung, die sie gegen die Gefahren und Verletzungen des Lebens schützt, auszuziehen und sich von ihrer verwundbaren und sensiblen Seite zu zeigen. Mit „Ritterrüstung" bezeichne ich die Art und Weise, in der wir im Normalfall anderen Menschen begegnen. Die Operettendevise „... doch wie's da drin aussieht, geht niemand was an"[92] gilt für die meisten Menschen, denn wir sind, wie die Tiere, im Grunde immer erst einmal auf der Hut, und das nicht ohne Grund. Doch Wertschätzung ist der Schlüssel zum Herzen der Menschen, so meine Erfahrung.

⇢ **Wertschätzung von Seiten Gottes gibt Kraft, mit Enttäuschungen und Verletzungen besser fertig zu werden.**

Kern aller Verletzungen ist ein Angriff auf das Selbstwertgefühl des Menschen. Die Worte oder Handlungen eines anderen werden als Bedrohung oder Infragestellung der eigenen Integrität und damit der Selbstwertschätzung erlebt bzw. empfunden.

Wer nicht nur von menschlicher Anerkennung abhängig ist, sondern gleichzeitig auch in dem Glauben verwurzelt ist, vonseiten eines personal gedachten Gottes wertgeschätzt zu werden, kann daraus eine Stärkung des eigenen Selbstwertes ableiten. Das Vertrauen, von einem transzendenten Gegenüber wahrgenommen, angenommen und ernst genommen zu sein, wirkt im besten Fall wie eine Art „Imprägnierung", die wetterfest macht gegen die Hagelschauer oder Stürme (man denke nur an sogenannte „Shitstorms") zwischenmenschlicher Anfeindung oder Infragestellung.

Im Rahmen meiner Dissertation zum Thema „Der Prozess des Vergebens" interviewte ich einen Mann, der mir erzählte, dass eine der Ursachen seiner Alkoholsucht sein fehlendes Selbstwertgefühl gewesen sei, das ihm eine Menge an Frustrationen und Verletzungen beschert hatte. Sein eigener Vater war Alkoholiker gewesen und hatte

....

92   Aus der Operette „Land des Lächelns" von Franz Léhar.

den Kindern keinerlei Anerkennung oder Liebe geschenkt. Mein Interviewpartner unterzog sich schließlich einer Entziehungskur und dort, so sagte er, hätte er gelernt, dass er „bei Gott etwas wert" sei. Die Konsequenz: Er lernte, dass er sich wehren dürfe und nicht jede Form von Missachtung hinnehmen müsse. „Mein Glaube hat mich stark gemacht!", so sein abschließendes Resümee. Das gewachsene Selbstwertgefühl und Selbstvertrauen dieses vom Schicksal schwer gebeutelten Mannes beeindruckte mich tief.

> **Wertschätzung vonseiten Gottes unterstützt darin, einen Sinn im eigenen Leben zu suchen und zu finden.**

„Niemand ist überflüssig. Er kann immer noch als schlechtes Beispiel dienen!" – So lautete ein Spruch in einem sogenannten „Bürokalender", den ich herrlich ironisch fand und mir wohl deshalb mühelos merken konnte. Vertrauen in Gott bedeutet auch, sich deutlich mehr zuzutrauen: „Ich bin begabt und habe deshalb auch etwas zu geben!" – Und es ist ein lohnendes Ziel, diese Begabung herauszufinden und zu entwickeln.

Um keine Zweifel aufkommen zu lassen: Ich halte die Herausforderung, eine Haltung der Wertschätzung sich und anderen gegenüber einzuüben, trotz allem, was dafür spricht, für extrem anspruchsvoll! Denn wer in dieser Gesellschaft leben will, muss sich mit ihr arrangieren. Das bedeutet zum einen: Wir müssen uns ihren Normen stellen, wenn wir anerkannt sein und Erfolg haben wollen.[93] Es bedeutet zum anderen, in einer gewissen Spannung zu leben und diese auszuhalten. Schließlich bleibt uns keine andere Wahl,

....

93 Natürlich kann man sich per Auswanderung entziehen, doch wird man in anderen Kulturen die Erfahrung machen, dass andere Bedingungen gelten – niemals jedoch, dass Wertschätzung langfristig ohne Bedingungen geschenkt wird!

als zu akzeptieren, dass wir im beruflichen Kontext in der Regel ausschließlich „bedingt wertgeschätzt" werden. Was hier zählt, ist unsere Leistung, nicht unsere unverwechselbare und einmalige Persönlichkeit, unsere aufregende Biografie oder unser persönlicher Charme. Ebenso müssen wir in unseren privaten Beziehungen damit klarkommen, dass Wertschätzung im Normalfall von Bedingungen abhängig ist, das heißt, dass sie nur „auf Zeit" und sozusagen mit Widerrufsklausel verschenkt wird.

Außerdem gilt es anzuerkennen, dass man eine *Haltung der Wertschätzung* nur in seltenen Fällen bei wenigen Menschen voraussetzen kann oder finden wird. Der Dichter Hermann Hesse litt immer wieder an depressiven Verstimmungen. In einem seiner Gedichte schrieb er: „Voll von Freunden war mir die Welt, / Als noch mein Leben licht war; / Nun, da der Schleier fällt, / Ist keiner mehr sichtbar." Er machte die Erfahrung, dass Freundschaft mit der Bedingung verbunden ist, die jeweiligen Freunde durch die eigene Niedergedrücktheit bzw. Krankheit nicht zu sehr zu belasten.[94]

Auch in unserem privaten Beziehungsfeld werden wir in aller Regel „bedingt geliebt"; man könnte auch sagen, dass wir „etwas bieten" müssen, um geschätzt zu werden. Denn den wenigsten Menschen ist bewusst, dass auch eine Haltung der Wertschätzung möglich ist. Diese Haltung hat viele Vorteile, dennoch lässt sie sich nicht verordnen, sondern ist und bleibt eine freiwillige Entscheidung jedes Einzelnen, in jeder Situation und jedem Menschen gegenüber aufs Neue.

Meines Erachtens ist es eine höchst spannende Lebensaufgabe, sich einerseits der gesellschaftlichen Entwicklungen sowie der

....

94 Aus: „Im Nebel", in: Die schönsten Gedichte von Hermann Hesse, Zürich 1996, S. 32. Auch eine andere Deutung ist natürlich möglich: Der Schleier der Depression verhindert, dass der schwer bedrückte Mensch die Freunde um sich herum überhaupt noch wahrnimmt. Doch der Schluss des Gedichtes legt diese Interpretation nicht nahe.

menschlichen Begrenztheit in punkto Wertschätzung bewusst zu sein und sich andererseits von beidem nicht vereinnahmen und lähmen zu lassen. Eine Haltung der Wertschätzung ist, aufs Ganze gesehen, die Entscheidung, in einer bestimmten Weise auf Menschen und Welt zu reagieren, mit ihnen umzugehen. Es ist eine Haltung, die unseren Spielraum im Verhalten enorm erweitert und dadurch auch eine wesentlich größere Fülle an Resonanzerfahrungen zulässt.

⇢ **Wertschätzung bildet die Basis stabiler Beziehungen.**
Ein *Weg des Glücks* ist Wertschätzung als Haltung aber auch, weil sie die Voraussetzung für stabile Beziehungen und Resonanzachsen schafft.

Der Psychotherapeut Dr. Christian Dogs erzählte in einer Fernsehsendung: „Da verkauft ein Rentnerehepaar alles, was es hat, und zieht auf eine Insel mit viel Sonne und Wärme. Und wenn sie eine Weile dort sind, merken sie erst, dass sie alles Wichtige verloren haben, nämlich ihr soziales Netz und enge persönliche Beziehungen." Manche machen sich dann daran, sich aufs Neue eine sinnvolle Aufgabe zu suchen, z. B. eine Pension zu eröffnen oder sich unternehmerisch zu engagieren, wodurch sie wieder Resonanzerfahrungen machen und Bindungen eingehen, doch nicht alle haben dazu die Kraft und Kreativität. Und kehren eines Tages, so Dr. Dogs, vereinsamt und enttäuscht wieder nach Hause zurück.[95]

Dogs betont, dass die positiven Erfahrungen und Werte im Leben letzten Endes immer etwas mit menschlichen Verbindungen zu tun haben. Man könnte es auf den Nenner bringen: „Sage mir, wo du dich wertgeschätzt fühlst und wo du selbst Wertschätzung schenken kannst, und ich sage dir, wo du glücklich bist und dein Leben als sinnvoll erlebst." Es liegt an uns, ob wir bereit sind, an uns zu arbeiten und täglich zu trainieren, damit wir diese Erfahrungen machen.

....

95   „Nachtcafé", 8.9.2017, SWR.

7.7 Wertschätzung als Haltung Gott gegenüber – das Beispiel Hiob

Auch Gott gegenüber kann der Mensch in bedingter Wertschätzung verharren. Das bedeutet, dass er seine Aufgeschlossenheit für Gott – verstanden als personales Gegenüber, das sich vom Menschen ansprechen lässt – an Bedingungen knüpft. Den Spitzenplatz unter diesen Bedingungen nimmt die Erwartung ein, der „liebe Gott" (eine in der Tat höchst missverständliche Bezeichnung) möge in dem Sinn „lieb" sein, dass er den Menschen vor Leid aller Art bewahre, unabhängig davon, wie es zu diesem Leid kam.

Als Ausbildungsvikarin besuchte ich einen alten Mann zu seinem Geburtstag. Er erklärte mir brüsk, dass er an Gott keinerlei Interesse mehr habe, denn dieser habe ihn bitter enttäuscht. Auf meine Frage, inwiefern, teilte er mir mit, dass sein einziger Sohn zum Kriegsdienst eingezogen worden sei. Er habe dafür gebetet, dass der Sohn heil zurückkehren möge, doch er sei nicht wiedergekommen. Ich konnte den Kummer dieses Vaters gut verstehen, war aber einigermaßen sprachlos, dass man seine Beziehung zu Gott an eine einzige Bedingung knüpfen konnte, bei deren Nichteinhaltung Gott sozusagen „die Freundschaft gekündigt" wurde.

Inzwischen sind fast drei Jahrzehnte vergangen und meine Erfahrungen sowie Gespräche mit Menschen aller Glaubensschattierungen und Glaubensstufen haben mir gezeigt, dass bedingte Wertschätzung Gott gegenüber (genau wie bei menschlichen Beziehungen) der häufigste Grund für Anklagen und Vorwürfe ist. Gott erfüllt nicht die in ihn gesetzten Erwartungen, Gott entspricht nicht dem Bild, das wir uns von ihm gemacht haben, Gott agiert in einer für uns unverständlichen Weise oder ist scheinbar vollkommen passiv, während wir von ihm aktives Eingreifen erwarten. Gott erfüllt unsere Wünsche nicht und geht nicht in dem von uns erwarteten Maß auf unsere Bedürfnisse ein.

Wir bekommen keine Antwort auf die Frage, weshalb es so viel Leid in der Welt oder in unserem Leben geben muss, weshalb so viel Ungerechtigkeit, weshalb so viel vorzeitiges Sterben, so viel Gewalt, so viel Elend und Pein.

Die „Sprachlosigkeit" Gottes, die Undurchdringlichkeit seines Wesens sind für den menschlichen Wissens- und Erkenntnisdrang schwer zu akzeptieren. Die Tatsache, dass sich seine Existenz weder beweisen noch widerlegen lässt, ja, dass möglicherweise das Wort „Existenz" bei ihm gar nicht angebracht ist[96], empfinden wir als unbefriedigend – warum sich mit etwas abgeben, was so wenig Hand und Fuß hat? Auch dass unsere menschlichen Kategorien von „gut und böse" und von „Liebe und lieb" bei diesem höchsten Wesen an eine Grenze stoßen, die wir nicht überschreiten können, ohne in teilweise höchst naive und vorwiegend anthropomorphe[97] Spekulationen zu verfallen, ist für viele Gläubige und Ungläubige sowie Zweifler aller Couleur nur schwer zu verkraften.

Die einen ziehen daraus den Schluss, umso entschiedener ihre subjektiven und kühnen Behauptungen über Gott in die Welt zu posaunen, möglichst mit Bibelstellen unterlegt (wie Gott ist, was er will, warum er was macht bzw. nicht macht usw.), die anderen begnügen sich mit bescheidenem Agnostizismus der Marke: „Da man nichts über ihn wissen kann, lohnt es sich auch nicht, sich weiter mit ihm zu beschäftigen."

Gibt es einen dritten Weg? Ja – und er besteht in der Haltung der Wertschätzung Gott gegenüber. Sie setzt allerdings voraus, dass man einen Sinn darin sieht, an ein transzendentes Gegenüber zu glauben, sich mit ihm auseinanderzusetzen und in irgendeiner Form von vertrauensvoller Verbindung mit ihm leben zu wollen.

....

96 Im Hebräischen lässt sich eine Aussage wie „Gott existiert" nicht machen. Gott ist wirklich, indem und weil er wirkt und wirksam ist.
97 Damit ist gemeint, dass Gott mit menschlichen Wesenszügen vorgestellt und ausgestattet wird.

Was aber könnte dieser Sinn sein? Hartmut Rosa hat in seinem Buch „Resonanz" auch darüber interessant und differenziert nachgedacht: „Gott ist (...) im Grunde die Vorstellung einer antwortenden Welt. (...) Religion wird in dieser Perspektive tatsächlich zur Beziehung (...), und zwar zu einer spezifischen Form der Beziehung, welche in den Kategorien der Liebe und des Sinns die Gewähr dafür zu geben verspricht, dass die Ur- und Grundform des Daseins eine Resonanz- und keine Entfremdungsbeziehung ist."[98] Rosa weist darauf hin (mit Bezug auf Martin Buber), „dass das entscheidende Merkmal eines jeglichen Gottes seine Ansprechbarkeit und seine Fähigkeit zu antworten (oder antwortend zu handeln beziehungsweise auf andere Weise den Menschen zu erreichen) ist". In dieser Perspektive, so Rosa weiter, lässt sich gerade die Bibel „resonanztheoretisch deuten: Vom Flehen Salomos bis zum Schrei Jesu am Kreuz erscheint sie als ein einziges Dokument des menschlichen (...) Bittens und Betens, Wartens und Harrens, Flüsterns und Rufens um Antwort. Und man könnte hinzufügen, dass sie auf dieses Flehen vielleicht ein einziges großes Gegenversprechen gibt, welches da lautet: Da ist einer, der Dich hört, der Dich versteht und der Mittel und Wege finden kann, Dich zu erreichen und Dir zu antworten."[99]

Die Erzählung von Hiob

„Da ist einer, der Dich hört" – und es lohnt sich, diesem Unbekannten selbst dann, wenn man an ihm zweifelt oder zu verzweifeln droht, mit einer Haltung der Wertschätzung die Treue zu halten. Das Buch Hiob ist eine faszinierende Illustration dieser Themen. Es besteht inhaltlich aus einem alten Kern mit einigen Zusätzen sowie einer später hinzugefügten Rahmenhandlung, die theologisch hoch

....

98 A. a. O., S. 435.
99 Ebd., S. 440f.

problematisch ist, doch darum soll es an dieser Stelle nicht gehen.[100] Hiob selbst muss man sich als exemplarische Gestalt vorstellen, nicht als historische Person, was im Text dadurch angedeutet wird, dass er – in einem unbekannten Lande Uz lebend – als Nichtisraelit gekennzeichnet ist.[101] Anhand von Hiobs Schicksal wird eine der Grundfragen des Glaubens behandelt: Wie gehen wir Menschen mit Leid um, wenn wir darin keinen Sinn sehen und uns in keiner Weise dafür verantwortlich oder gar schuldig fühlen? Anders gefragt: Wie muss eine Beziehung zu Gott aussehen, die solchen sowohl geistigen als auch psychischen Belastungen standhält?

In der Einleitung dieser Rahmenhandlung behauptet der Satan (der hier noch ein Untergebener Gottes ohne eigenständige Macht ist), dass Hiob Gott nur bedingt wertschätze – das heißt: nur solange es ihm, Hiob, gut ginge (Hiob 1,9–11). Sobald sich jedoch das Glück von ihm wende, werde er sich voller Enttäuschung von Gott abwenden. Gott „wettet" sozusagen dagegen, er unterstellt Hiob eine Haltung der Wertschätzung, die sich auch von Leid und Schmerz nicht besiegen lässt (Hiob 2,3).

Doch Erstaunliches geschieht – beide irren sich. Hiob hält in der Tat zuerst trotz harter Schicksalsschläge an seiner Haltung der Wertschätzung fest. Gott sieht sich bestätigt, doch Satan lässt nicht locker: „Lass zu, dass ich ihn persönlich mit Krankheit schlage, dann wirst du sehen, dass er sich von dir lossagt" (Hiob 2,5). Hiob

---

100 Dass diese Rahmenhandlung eine freie menschliche Erfindung ist, liegt zwingend auf der Hand. Zum einen kann niemand Gottes Dialoge im Himmel belauschen, zum anderen ist der Satan eine Figur, die recht spät in der jüdischen Theologie Eingang fand (das Wort kommt aus dem Persischen). Zum dritten ist das Bild Gottes, das hier gezeichnet wird – dass er eines seiner Menschenkinder quasi als Versuchskaninchen missbraucht – viel zu zynisch und grausam, als dass es von Menschen, die Gott vertrauen wollen, akzeptiert werden könnte. Denn einem Gott, der zu solchen Wetten bereit wäre, wäre nicht zu trauen.

101 Vgl. Horst Dietrich Preuß, Einführung in die alttestamentliche Weisheitsliteratur, Stuttgart 1987, S. 69ff.

wird schwer krank, und seine Frau, die bedingte Wertschätzung verkörpernd, fordert ihn auf, sich von Gott abzuwenden. Tapfer antwortet Hiob ihr: „Wenn wir das Gute aus Gottes Hand genommen haben, sollen wir da das Böse nicht auch annehmen?" (Hiob 2,10).

Doch irgendwann sind seine Grenzen erreicht – sein tiefes Gottvertrauen kehrt sich in tiefe Zweifel um, in Bitterkeit und Empörung. Hiob wendet sich von Gott zwar nicht ab, doch er beginnt, ihm bohrende Fragen zu stellen. Er klagt an, er schreit seinen Schmerz hinaus, er ist aber auch bereit, Gottes Antworten anzuhören und darüber nachzudenken. Mit anderen Worten: Seine Haltung der Wertschätzung äußert sich darin, dass er die Beziehung nicht abbricht, sondern aufrechterhält. Seine Resonanzbereitschaft Gott gegenüber ist sozusagen ungebrochen, doch aus der Konsonanz wurde aufgrund des Erlebten Dissonanz! Mit dieser dritten Möglichkeit hatten offenbar weder Teufel noch Gott gerechnet.

Und das völlig Überraschende geschieht: Gott anerkennt diese Haltung der Wertschätzung und hält den Protest und die Wut Hiobs aus. Hiob wiederum macht eine erstaunliche Entwicklung durch. Zum einen, weil er den Kontakt nicht abreißen lässt, zum anderen, weil er gerade dadurch eine Erfahrung mit Gott macht, die seine Beziehung zu ihm auf eine neue Grundlage stellt. „Bisher kannte ich dich nur von dem, was ich von dir wusste oder glaubte (= durch Überlieferung, Tradition), nun aber haben meine Augen dich gesehen", sagt er und meint damit: „Nun bin ich dir begegnet, nun warst du mir ein Gegenüber! Ich habe nicht mehr nur über dich nachgedacht und geredet, sondern mit dir!"[102]

....

102 Eine Parallele dazu bietet Psalm 23, wo der Beter vom Reden *über* Gott in jenem Moment ins Reden *mit* Gott wechselt, als er davon spricht, in Not zu kommen: *„Der Herr ist mein Hirte, mir wird nichts mangeln. Er weidet mich auf einer grünen Aue. (...) Und ob ich schon wanderte im finsteren Tal, fürchte ich kein Unglück, denn du bist bei mir."*

Doch worin bestand nun konkret die beiderseitige Haltung der Wertschätzung?

Aufseiten Gottes:

- ⇢ Gott respektiert Hiobs Gefühle der Enttäuschung, Wut, Sinnlosigkeit etc.
- ⇢ Er akzeptiert Hiobs Unverständnis und die damit verbundenen Fragen und antwortet ihm, allerdings auf andere Weise, als Hiob es erwartet.
- ⇢ Er anerkennt ausdrücklich Hiobs Weigerung, einen Zusammenhang zwischen persönlicher Schuld und seinem schweren Schicksal herzustellen.

Aufseiten Hiobs:

- ⇢ Hiob hält die Verbindung zu Gott auch in Leid und Enttäuschung aufrecht.
- ⇢ Er akzeptiert, dass er letzten Endes keine Antwort auf seine Frage nach dem „Warum?" erhält.
- ⇢ Er anerkennt und respektiert Gottes Aussage, dass der Mensch ihn, Gott, niemals verstehen könne und deshalb auch keinen *Anspruch* darauf habe, ihn zu verstehen.

Eine grandiose Erzählung, die uns klarmachen will, dass sich auch in der schwersten Krise eine Haltung der Wertschätzung lohnen könnte. Nicht im Sinne einer „Be-lohnung" oder eines Happy Ends, das muss und kann nicht immer sein. Sondern im Sinne einer Resonanzachse, die auch bei schwerem Seegang einen Halt bietet – und sei es auch nur in Form eines Balkens, an dem wir uns festklammern, um nicht in den Wogen unterzugehen.

Summa summarum oder: das Wesentliche in Kürze

Einschätzung dient der Lebensbewältigung, der Anpassung und der Beziehungsgestaltung; sie hilft, Fehler, Niederlagen und Scheitern zu vermeiden. Einschätzung und Erkenntnis gehen Hand in Hand.

Bedingte Wertschätzung dient der Bewertung unserer Erfahrungen und hat als emotionale Spontanreaktion oder im Rahmen einer entsprechenden gegenseitigen Vereinbarung ihren Sitz und ihre Berechtigung. Sie ermöglicht Resonanzerfahrungen und ist die Basis vorübergehender oder von vornherin zweckorientierter Beziehungen.

Wertschätzung als Haltung dient der Lebensqualität durch Beziehungsvertiefung. Sie schafft einen Mehrwert, der Wachstum und Entfaltung, Resonanzachsen und Lebenssteigerung bewirkt. Anders gesagt: Wertschätzung macht wertvoll – den, der sie wertschöpfend praktiziert ebenso wie den, der sie empfängt.

Abschließend drei Zitate, die verschiedene Facetten der Wertschätzung in je eigener Weise zum Ausdruck bringen:

⇢ Vor etlichen Jahren erzählte mir ein oberschwäbischer Schulleiter folgende Anekdote – ob wirklich erlebt oder nur gut erfunden, weiß ich bis heute nicht: Ein Junge, der in die Grundschule ging, duzte seinen Lehrer beharrlich. Schließlich gab dieser ihm folgende Hausaufgabe: „Schreibe 50-mal den Satz: Ich darf zu meinem Lehrer nicht ‚Du' sagen"! – Der Junge erledigte die Strafarbeit, hatte den Satz aber 100-mal geschrieben. Der Lehrer fragte erstaunt nach dem Grund, worauf das Schulkind treuherzig zu ihm sagte: „Woisch, des bisch du mir wert!"[103]

....

103 „Weißt du, das bist du mir wert!"

⋯❖ Während ich diese letzten Zeilen schreibe, reißt draußen vor meinem Fenster der Wind die Blätter von unserem Lindenbaum. Ein Gedicht von Rainer Maria Rilke (1875–1926), einem Meister der wertschätzenden Wahrnehmung, kommt mir in den Sinn, das ich mir als 18-Jährige aus einem Gedichtband abgeschrieben hatte:

„Das ist der Zauber: arme Worte finden
Und leis sie lehren, im Gedicht zu gehn.
Das ist der Zauber: mit dem Laub der Linden
Im Haar wie eine Königin zu stehn.
Und das ist Zauber: dürsten nach dem Kruge
mit jener Wonne, die das Wasser weiht,
und tief im Leben finden eine Fuge
und lugen in das Land der Ewigkeit."

⋯❖ Eine Tagebuchnotiz von Franz Kafka (1883–1924) erinnert noch einmal an die schöpferische Freiheit, aber auch an die Verantwortung in Bezug auf die eigene Lebensqualität: „Es ist sehr gut denkbar, dass die Herrlichkeit des Lebens um jeden und immer in ihrer ganzen Fülle bereitliegt, aber verhängt, in der Tiefe, unsichtbar, sehr weit. Aber sie liegt dort, nicht feindselig, nicht widerwillig, nicht taub. Ruft man sie mit dem richtigen Wort, beim richtigen Namen, dann kommt sie." – Auch die Herrlichkeit dessen, was uns begegnet und derer, die uns begegnen.

Danksagung

Ich danke meinem Mann Ernst-Werner Briese für die unermüdliche Bereitschaft, mit mir immer wieder über das Thema zu diskutieren, sowie meinem Bruder Prof. Dr. Martin Weingardt für seine Anregung, auch das Thema der Einschätzungskompetenz in mein Buch aufzunehmen.

Ganz besonders danke ich Norbert Schnabel, der wieder einmal kompetent und behutsam zugleich lektoriert und meinen Stil wie immer dezent, aber stilsicher verbessert hat.

Ebenso danke ich Daniela-Maria Schilling von Camino für ihr Vertrauen sowie für die geduldige und einfühlsame Bereitschaft, sich mit dem Thema gründlich auseinanderzusetzen und auf meine Wünsche und Anregungen wohlwollend und kritisch zugleich einzugehen.

Nicht zuletzt danke ich den zahlreichen Freunden, Freundinnen und Bekannten sowie Lesern und Leserinnen, die mir deutlich gemacht haben, dass sie das Thema für wichtig halten, und die mir durch ihre Erzählungen und Gespräche wertvolle Impulse gaben.

Kleine Literaturauswahl

Roberto Assagioli: Die Schulung des Willens. Junfermann, Paderborn 1987.

Joachim Bauer: Prinzip Menschlichkeit. Hoffmann und Campe, Hamburg 2006.

René Borbonus: Respekt! Econ, Berlin 2011.

Claudia Fabian: Wertschätzend kommunizieren – achtsam miteinander umgehen,
Schirner, Darmstadt 2016.

Erik Erikson: Identität und Lebenszyklus. Suhrkamp, Frankfurt 1979.

Axel Hacke: Anstand, ZEIT online, 23.8.2017.

Gerald Hüther: Bedienungsanleitung für ein menschliches Gehirn.
Vandenhoeck & Ruprecht, Göttingen 2007.

Joseph LeDoux: Das Netz der Gefühle. dtv, München 2001.

Barbara Mettler-v. Meibom: Wertschätzung. Kösel, München 2006.

Michael Nast: Generation Beziehungsunfähig. Edelbooks, Hamburg 2016.

Heinz-Peter Röhr: Die Kunst, sich wertzuschätzen. Patmos, Ostfildern 2013.

Hartmut Rosa: Resonanz. Suhrkamp, Berlin 2016.

Marshall Rosenberg: Gewaltfreie Kommunikation. Junfermann, Paderborn 2004.

Ingrid Strobl: Respekt. Pattloch, München 2010.

Barbara Strohschein: Die gekränkte Gesellschaft. Riemann Verlag, München 2015.

Bronnie Ware: 5 Dinge, die Sterbende am meisten bereuen. Goldmann,
München 2015.

Beate M. Weingardt: Das verzeih ich dir (nie)! SCM-Brockhaus, Witten [14]2017.

Beate M. Weingardt: Freundschaft macht glücklich. SCM-Brockhaus, Witten [2]2014.

Beate M. Weingardt: Was die Seele bewegt, bewegt auch den Körper,
SCM-Brockhaus, Witten [3]2016.